아이가 주인공인 책

아이는 스스로 생각하고 성장합니다.
아이를 존중하고 가능성을 믿을 때
새로운 문제들을 스스로 해결해 나갈 수 있습니다.

〈기적의 학습서〉는 아이가 주인공인 책입니다.
탄탄한 실력을 만드는 체계적인 학습법으로
아이의 공부 자신감을 높여줍니다.

가능성과 꿈을 응원해 주세요.
아이가 주인공인 분위기를 만들어 주고,
작은 노력과 땀방울에 큰 박수를 보내 주세요.
〈기적의 학습서〉가 자녀교육에 힘이 되겠습니다.

안녕, 우리는 <u>비법걸&비법보이</u>야.

디자이너 다츠쌤이 우리를 귀엽게 만들어 주셨고,
이름은 길벗스쿨 기적쌤이 지어주셨지.
아직 그렇게 유명하진 않은데...
너희들이 예뻐라 해 주면 우리도 빵 뜨지 않을까? ^^
우리는 이 책에서 초등 전 학년을 맡고 있지!
이 책으로 너희들이 독해를 잘하려면 우리가 하는 얘기를 잘 들어줘야 해.
우리가 전수하는 비법대로만 따라 하면 독해 그까짓 거 식은 죽 먹기라고~!
같이 해 보자~~!!

초등 문해력, **읽기**로 시작한다!

기적의 독해력

실력편

길벗스쿨

기적의 독해력 ② 초등 1학년 실력편

초판 1쇄 발행 2021년 3월 3일
개정 1쇄 발행 2024년 6월 1일

지은이 기적학습연구소
발행인 이종원
발행처 길벗스쿨
출판사 등록일 2006년 6월 16일
주소 서울시 마포구 월드컵로 10길 56(서교동 467-9)
대표 전화 02)332-0931 | **팩스** 02)323-0586
홈페이지 www.gilbutschool.co.kr | **이메일** gilbut@gilbut.co.kr

총괄 신경아(skalion@gilbut.co.kr) | **기획 편집** 박은숙, 유명희, 이은정, 이재숙
제작 이준호, 손일순, 이진혁 | **영업마케팅** 문세연, 박선경, 박다슬 | **웹마케팅** 박달님, 이재윤, 나혜연
영업관리 김명자, 정경화 | **독자지원** 윤정아

표지 디자인 디자인비따 | **본문 디자인** (주)더다츠 | **전산편집** 린 기획
표지 일러스트 이승정 | **본문 일러스트** 김재곤
CTP출력 및 인쇄 교보피앤비 | **제본** 신정문화사

ISBN 979-11-6406-680-3 64710
(길벗스쿨 도서번호 10919)
정가 11,000원

독자의 1초를 아껴주는 정성 길벗출판사

길벗스쿨 | 국어학습서, 수학학습서, 유아콘텐츠유닛, 어학학습서, 어린이교양서, 교과서, 길벗스쿨콘텐츠유닛
길벗 | IT실용서, IT/일반 수험서, IT전문서, 어학단행본, 어학수험서, 경제실용서, 취미실용서, 건강실용서, 자녀교육서
더퀘스트 | 인문교양서, 비즈니스서

머리말을 대신하는 응원 메시지

『기적의 독해력』을 펼친 여러분께 우선 박수를 보냅니다.

이 책은 여러분의 독해력을 키우기 위해 만든 책이에요. '독해력'이 뭐냐고요? 읽을 독(讀), 이해할 해(解), 힘 력(力) 자를 써서, 글을 읽고 이해하는 능력(힘)을 말해요. 지금처럼 이 글을 읽고 무슨 뜻인지 알겠으면 독해가 되고 있다는 거고요. 이 글을 읽고는 있지만 도통 무슨 말인지 모르겠으면 독해가 잘 안되고 있다고 할 수 있죠.

우리는 살면서 많은 글을 읽어요. 그림책, 동화책, 교과서, 하다못해 과자 봉지에 있는 글까지. 그런데 이렇게 많은 글을 읽어도 이해하지 못한다면 얼마나 답답할까요? 글을 읽고 이해가 되어야 깨닫게 되고, 몰랐던 것을 알게 되고, 또 이어질 여러 가지 문제를 해결할 수도 있는데 말이죠.

그래서 '독해'는 모든 공부의 시작이고, '독해력'은 우리가 가져야 할 제일 중요한 능력 중의 하나이지요.

여러분이 펼친 『기적의 독해력』 시리즈는 여러분이 초등 공부를 시작할 때부터 완성할 때까지 함께할 비법서랍니다. 예비 초등학생을 위한 한 문장 독해부터 중학교 입학을 앞둔 6학년을 위한 복합적인 글 독해까지, 기본을 세우고 실력을 다질 수 있는 다양한 유형의 독해 글감과 핵심을 파고드는 문제들을 담고 있어요.

혹시 "글 속에 답이 있다!", "문제에 답이 있다!"라는 말을 들어 보았나요?
『기적의 독해력』 시리즈로 공부하면 여러분은 분명 그 해답을 쉽게 깨치게 됩니다.

잠깐, 쉽다고 대충 하지는 말아요! 글을 꼼꼼히 읽고 내가 잘 읽었는지 찬찬히 떠올리면서 문제까지 수월하게 해결해 나가는 게 가장 핵심이 되는 독해 비법이랍니다. 가끔 문제는 틀려도 돼요. 틀리면서 배우는 게 훨씬 많으니까요!
자, 머뭇거리지 말고 한번 시작해 보세요.

2021년 2월
기적학습연구소 국어팀 일동

독해력, 그것이 알고 싶다!

Q 독해력을 기르려면 무엇부터 해야 할까요?

A 다양한 글을 읽어야지요. 독해력은 하루아침에 길러지는 역량이 아닙니다. 하루에 한 편씩 짧은 글이라도 읽는 습관을 만들어 주는 것이 중요합니다. 또 자신이 읽은 글의 내용을 정리해 본다거나 한 문장으로 요약해 보는 습관을 기른다면 아주 효과적인 독해력 상승을 기대할 수 있습니다. 이 대목에서 '책 읽기'는 두말하면 입 아프겠지요? ^^;

Q 초등 입학 전에 독해 공부가 필요할까요?

A 초등학교에 입학해서 처음 보는 교과서는 기존에 봤던 그림책과는 구조와 수준이 달라서 급격하게 어려움을 느낄 수도 있습니다. 특히 문제 풀이에 어려움을 겪을 수 있으니 간단하고 짧은 글을 읽고, 내용을 이해했는지 가볍게 훑어보며 문제를 푸는 연습을 하면 초등 공부에 큰 도움이 될 것입니다.

Q 읽기는 하는데, 문제를 이해하지 못하는 것 같아요.

A 읽으면 바로 이해할 수 있는 쉬운 문제들도 있지만, 국어 개념이 바탕이 되어야 풀 수 있거나 보기를 읽고 두 번 세 번 확인해 봐야 답을 찾을 수 있는 독해 문제들도 많습니다. 문제를 이해하지 못한다는 것은 1차적으로는 그 문제를 출제한 의도를 파악하지 못하고 있다는 거고요. 그다음엔 어떻게 답을 찾아야 할지 방법을 모르고 있다는 것입니다. 독해도 일종의 기술이 필요한 공부거든요. 무턱대고 읽고 푼다고 해서 독해력이 생기는 것은 아닙니다. 글을 읽는 방법, 문제를 푸는 방법을 알고 있어야 보다 효과적으로 독해의 산을 넘을 수 있습니다.

Q 어휘력도 중요한 거 같은데, 어떻게 길러야 할까요?

A 어휘력은 독해력을 키우는 무기와 같습니다. 글을 잘 읽다가도 낯선 어휘에서 멈칫하거나 그 뜻을 파악하지 못해서 독해가 안되는 경우가 많거든요. 어휘력 역시 단번에 키우긴 어렵습니다. 그래서 독해 훈련을 통해 어휘력을 키우는 방법을 추천합니다. 글을 읽을 때 낯선 어휘를 만나면 문맥의 의미를 파악하는 연습을 꾸준히 하는 거죠. 그래도 모르는 낱말은 그냥 넘어가지 말고 국어사전을 찾아보는 습관을 들이세요.

Q 시중에 나와 있는 독해력 교재가 너무 많더라고요. 어떤 게 좋은 거죠?

A 단연 『기적의 독해력』을 꼽고 싶습니다만, 시중에 나와 있는 독해력 교재들이 모두 훌륭하더군요. 일단은 아이의 수준에 맞게 선택하는 게 가장 현명할 것입니다. 방법을 잘 몰라서 문제 풀이에 어려움을 겪는 친구들은 독해의 기본기를 다룬 쉬운 교재를, 어느 정도 독해가 가능한 친구들은 다양한 문제를 풀어 볼 수 있는 실전 교재를 선택해 보는 것이 좋습니다. (마침 『기적의 독해력』이 딱 그런 구성을 갖추고 있습니다.)

Q 『기적의 독해력』은 어떻게 바뀌었나요?

A 예비 초등(0학년)을 시작으로 6학년까지 학년별로 2권씩 구성되어 있습니다. 단계와 난이도가 종전보다 세분화되었는데요. 특히 독해 문제 풀이에 어려움을 겪는 친구들을 위해 독해 비법을 강화하여 독해의 기본기를 다진 후에 실전 문제로 실력을 완성시킬 수 있도록 구조화하였습니다.

기본편

실력편

기본편 은 독해의 시작이라 할 수 있는 기본서입니다. 학년별로 16가지의 독해 비법을 담고 있지요. 글의 종류에 따라 읽는 방법과 필수 유형 문제를 효과적으로 푸는 방법을 친절하게 안내하고 있어요.

실력편 은 독해의 완성이라 할 수 있는 실력서입니다. 교과 과정에 맞춘 실전 문제와 최상위 독해로 구성하여 앞서 배운 비법을 그대로 적용하면서 실력을 키울 수 있습니다.

Q 그럼 두 권을 같이 보나요?

A 독해 문제가 익숙하지 않은 친구는 기본편 으로 독해의 기초를 탄탄하게 쌓으면 되고요. 독해 문제가 익숙한 친구는 실력편 으로 단계를 올려서 실전에 대비하는 것도 필요합니다. 1학기는 기본편 으로, 2학기는 실력편 으로 촘촘하게 독해력을 키워 보는 것은 어떨까요?

Q 실력편 의 최상위 독해는 어떤 독해인가요?

A 최상위 독해는 복합 지문과 통합형 문제로 구성된 특별 코너입니다. 일반적인 독해가 단편적인 하나의 글을 읽고, 기본적인 문제를 풀어 가는 것이라면 실력편 5일 차에 수록된 복합 지문은 두 가지 이상의 글을 읽고 문제를 해결해야 하는 난이도가 높은 독해입니다. 같은 주제를 다루고 있는 두 편의 글이나 소재는 다르지만 종류는 같은 두 편의 글을 읽고, 통합 사고력 문제를 해결해야 해서 기존의 독해 문제보다는 조금 어려울 수 있습니다.

쉬운 글과 기본 문제만으로는 실력을 키우기 어렵지요. 자신의 수준보다 약간 어려운 문제도 해결하면서 실력을 월등하게 키워 나가길 바랍니다.

Q 『기적의 독서 논술』과는 어떤 차이가 있나요?

A 독해력이 모든 공부의 시작이라면, 독서 논술은 모든 공부의 완성이라 할 수 있습니다. 독해력이 단편적인 글을 읽고 이해하며 적용해 가는 훈련이라면, 독서 논술은 한 편의 긴 글을 읽고, 자신의 생각을 정리해서 표현해 보는 훈련 과정을 거치기 때문에 두 시리즈 모두 국어 실력 향상에는 꼭 필요한 교재랍니다. 한 학년에 독해력 2권, 독서 논술 2권이면 기본과 실력을 모두 갖추게 될 것입니다.

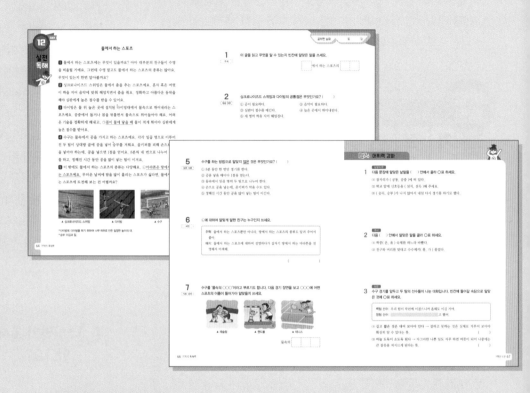

⭐ 실전 독해

기본편 에서 훈련한 방법을 총망라한 실전 문제집입니다.
하루 4쪽씩 꾸준히 연습하세요.
앞서 배운 비법을 그대로 적용하면서 독해 실력을 쌓아 갑니다.

🔍 어휘력 강화

독해에서 어휘는 독해 시간을 단축시키는 열쇠와 같은 역할을 합니다.
지문에서 뽑아낸 주요 어휘의 뜻과 활용, 내용과 밀접한 속담과 사자성어,
관용어까지 다양하게 어휘의 폭을 늘려 갑니다.

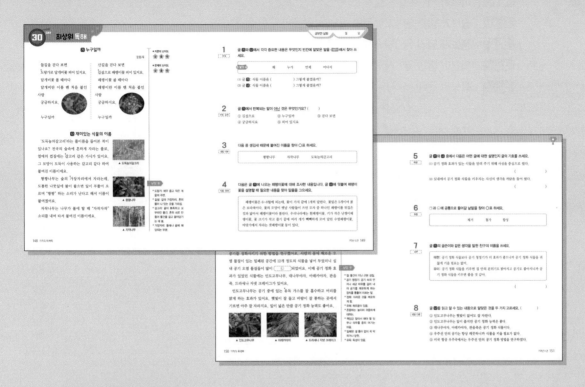

🛡️ 최상위 독해

- ● 지문의 난이도 　 ● 문제의 난이도

상　중　하　　상　중　하

각 주 5일 차는 최상위 독해로, 글의 수준과 문제의 수준이 높습니다.
그동안 쌓았던 실력을 점검해 보세요.
긴 글, 주제나 소재가 얽힌 복합 지문, 통합 사고력 문제를 통해 독해
력을 한 단계 끌어올립니다.

가로 세로 낱말 퀴즈
한 주 동안 학습한 어휘를 확인할 수 있도록 재미있는 퀴즈로
구성하였습니다.

차례

8

 출처

글

108쪽 「두고 온 실내화」| 왕입분 | 2021

＊그 외 작품은 한국문학예술저작권협회, 한국문예학술저작권협회의 동의를 얻어 책에 실었습니다.

이미지

72쪽 「"여기가 맞을 텐데‥?"」| 한국방송광고진흥공사 | 2017

78쪽 「밥 한 번, 스마트폰 한 번」| 한국방송광고진흥공사 | 2015

＊위에 제시되지 않은 이미지는 사용료를 지불하고 셔터스톡 코리아에서 대여했음을 밝힙니다.

＊길벗스쿨은 이 책에 실린 모든 글과 이미지의 출처를 찾기 위해 최선의 노력을 기울였습니다.
저작권자를 찾지 못해 허락을 받지 못한 글과 이미지는 저작권자가 확인되는 대로 통상의 사용료를 지불하겠습니다.

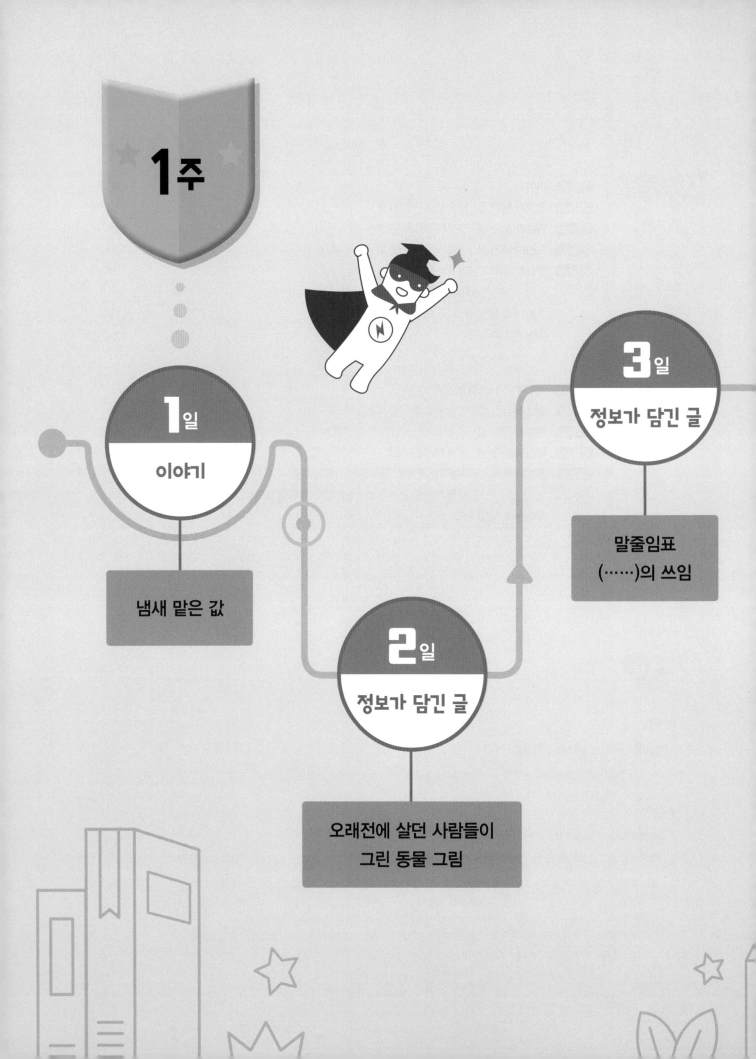

1주

1일
이야기

냄새 맡은 값

2일
정보가 담긴 글

오래전에 살던 사람들이
그린 동물 그림

3일
정보가 담긴 글

말줄임표
(……)의 쓰임

5일

최상위 독해

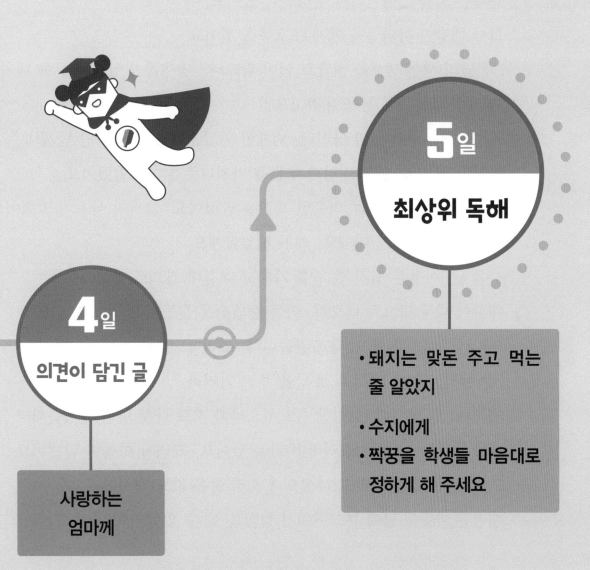

4일

의견이 담긴 글

사랑하는
엄마께

- 돼지는 맞돈 주고 먹는 줄 알았지
- 수지에게
- 짝꿍을 학생들 마음대로 정하게 해 주세요

냄새 맡은 값

옛날 한 농부가 *대감네 집 앞을 지나가고 있었어요.

마침 저녁때가 다 되어 대감 집에서는 맛있는 냄새가 풍겨 왔어요.

"킁킁. 생선을 구웠나? 참 고소하네!"

농부는 코를 벌름거리며 냄새를 맡았어요.

그때 대감이 나와 농부에게 ㉠호통을 쳤어요.

"왜 남의 생선 냄새를 *허락도 없이 맡느냐? 냄새를 맡았으니 돈을 내거라."

"냄새만 맡았는데 돈을 내라고요?"

"당연하지. 생선이 열 *냥인데, 냄새만 맡았으니까 다섯 냥만 받겠네."

농부는 하는 수 없이 내일까지 돈을 가져다주겠다고 말했어요.

농부는 집에 돌아와 ㉡억울한 *사정을 말했어요. 그러자 아들이 말했어요.

"아버지, 걱정하지 마세요. 제가 해결할게요."

다음 날, 아들은 *엽전 열 냥을 가지고 대감네 집으로 갔어요.

대감이 대문 밖으로 나오자, 아들은 엽전을 흔들며 말했어요.

"대감님, 여기 돈을 가지고 왔습니다. 소리 들리시죠?"

"잘 들리는구만. 어서 다섯 냥을 주고 가거라."

"엽전이 열 냥인데, 소리만 들으셨으니까 저도 다섯 냥만 받겠습니다."

대감은 말도 안 되는 소리라며 화를 냈어요. 그러자 아들이 말했어요.

"냄새 맡은 값을 달라고 하셨으니 소리 들은 값도 내셔야지요!"

대감은 아들의 말에 부끄러워서 얼굴을 들 수 없었어요.

---

* 대감: 조선 시대에 높은 벼슬아치를 이르던 말.
* 허락: 요청하는 일을 하도록 들어줌.
* 냥: 예전에, 엽전을 세던 단위.
* 사정: 일의 형편이나 까닭.
* 엽전: 예전에 사용하던, 놋쇠로 만든 돈. 둥글고 납작하며 가운데에 네모진 구멍이 있음.

1

어휘·표현

이 글에서 일이 일어난 장소가 어떻게 바뀌었는지 빈칸에 알맞은 말을 쓰세요.

대감네 집 앞 → ☐☐ 네 집 → 대감네 집 앞

2

어휘·표현

㉠'호통을 쳤어요.'와 바꾸어 쓸 수 있는 말은 무엇인가요? (   )

① 질문을 했어요.   ② 부탁을 했어요.

③ 충고를 했어요.   ④ 걱정을 했어요.

⑤ 화를 내며 말했어요.

3

내용 이해

㉡'억울한 사정'은 무엇인지 빈칸에 알맞은 말을 쓰세요.

• 농부가 대감네 ☐☐ 냄새를 맡아 대감에게 ☐☐ 냥을 주어야 하는 일

4

추론

이 글에 나오는 인물의 성격으로 알맞은 것에 ○표 하세요.

⑴ 아들은 지혜롭지만 게으르다.   (   )

⑵ 대감은 심술궂고 욕심이 많다.   (   )

⑶ 농부는 예의가 없고 장난이 심하다.   (   )

5
짜임

이 글의 내용을 정리할 때, 빈칸에 들어갈 말로 알맞은 것에 ○표 하세요.

> 대감이 농부에게 생선 냄새를 맡은 값을 내라고 했다. 다음 날, 농부의 아들이

(1) 대감에게 생선을 가져다주러 갔다.　　　　　　　　　　　　　　　　(　　)

(2) 농부 대신 대감을 만나서 생선을 받아 왔다.　　　　　　　　　　　　(　　)

(3) 대감을 만나 엽전 소리를 들려주고 소리 들은 값을 내라고 했다.　　(　　)

6
감상

이 글을 읽고 깨달은 점을 알맞게 말한 친구는 누구인지 쓰세요.

> 준형: 다른 사람의 말을 끝까지 잘 들어야 해.
>
> 예서: 옳지 않은 생각으로 억지를 부리면 안 돼.
>
> 별이: 지나친 자랑은 다른 사람의 마음을 불편하게 할 수도 있어.

(　　　　　　　　)

7
적용·창의

이 글의 뒷부분에서 대감이 아들에게 했을 말로 가장 알맞은 것에 ○표 하세요.

(1) 엽전 소리가 아주 좋은데, 내 것과 바꾸면 안 되겠느냐?

(2) 내가 잘못했구나. 네 아비에게 미안하다고 전해라.

(3) 생선 냄새를 맡은 값으로 열 냥을 받아야겠다. 어서 열 냥을 내거라.

(　　)　　　　　　(　　)　　　　　　(　　)

낱말의 뜻

1 빈칸에 알맞은 낱말을 보기 에서 찾아 쓰세요.

> **보기**
>
> 값   사정   허락

(1) 부모님께 친구 집에 가도 좋다는 (   )을 받았다.

(2) 내 짝꿍은 (   )이 있어서 오늘 학교에 오지 못했다.

(3) 할머니께서는 시장에서 물건을 사실 때마다 (   )을 깎으신다.

반대말

2 뜻이 서로 반대되는 낱말끼리 바르게 짝 지어지지 <u>않은</u> 것은 무엇인가요? (   )

① 주다 – 받다   ② 가다 – 오다

③ 맛있다 – 맛없다   ④ 나오다 – 들어가다

⑤ 부끄럽다 – 창피하다

관용어   ┌→ 둘 이상의 낱말이 어울려 원래의 뜻과는 전혀 다른 새로운 뜻으로 굳어져서 쓰이는 표현을 말해.

3 빈칸에 들어갈 관용어로 알맞은 것에 ○표 하세요.

> 거짓말을 하다 들킨 희준이는   .

(1) 미역국을 먹었다 → 시험에 떨어졌다는 말.   (   )

(2) 국수를 먹었다 → 결혼식에 초대를 받았거나 결혼식을 올렸다는 말.   (   )

(3) 얼굴을 들 수 없었다 → 창피하거나 부끄러워 남을 떳떳하게 대하지 못했다는 말.

                                                                        (   )

지금까지 발견된 그림 중에서 가장 오래된 그림은 스페인에 있는 알타미라 동굴 *벽화예요. 지금으로부터 약 3만 년 전에 그려진 그림으로, ㉠*천장에는 들소, 멧돼지, 말 등이 그려져 있어요. 알타미라 동굴 벽화만큼 오래된 라스코 동굴 벽화에도 ㉡들소, 사슴, 말 등이 그려져 있어요. 아주 오래전에 살던 사람들은 왜 동굴 벽에 동물 그림을 그렸을까요?

▲ 알타미라 동굴 벽화

아주 오래전에 살던 사람들은 주로 사냥을 해서 먹을 것을 얻었어요. 열매를 따 먹기도 했지만, 고기나 가죽을 얻기 위해서는 사냥이 무척 중요했지요. 그래서 사냥이 잘되기를 바라는 마음으로 동물을 그렸어요. 그림을 그리고 나서 *소원이 담긴 주문을 *외우면 ㉢그대로 이루어진다고 믿었지요.

동굴 벽에 그려진 동물 그림은 사냥하는 법을 가르치는 데 쓰이기도 했어요. 사냥을 하다 보면 다치거나 죽는 경우도 많았기 때문에 사냥을 하려면 (㉣)에 대하여 잘 알아야 했어요. 그래서 젊은이들은 동굴 벽화를 보면서 어떤 동물을 잡아야 하는지, 동물의 어느 부분을 공격해야 하는지 등을 배울 수 있었어요.

우리나라에도 아주 오래전에 살던 사람들이 그린 동물 그림이 여러 개 남아 있어요. 그중에서도 울산 반구대 *암각화가 유명해요. 울산 반구대에는 어떤 동물들이 그려져 있는지 구경하러 가 보는 건 어떨까요?

*벽화: 건물이나 동굴, 무덤 따위의 벽에 그린 그림.
*천장: 건물 안에서 볼 때 위쪽 부분.
*소원: 어떤 일이 이루어지기를 바람. 또는 그런 일.
*외우면: 글이나 말을 기억하여 두었다가 한 자도 틀리지 않고 그대로 말하면.
*암각화: 바위나 동굴의 벽면 따위에 칠하기, 새기기, 쪼기 등의 방법으로 그린 그림.

1 주제

이 글에서 가장 중요한 말은 무엇인가요? (　　　　)

① 동굴　　　　　　② 열매　　　　　　③ 사냥

④ 동물 그림　　　　⑤ 울산 반구대

2 내용 이해

다음은 ㉠과 ㉡을 읽고 한 말입니다. (　　　　) 안에서 알맞은 말을 골라 ○표 하세요.

> 알타미라 동굴 벽화와 라스코 동굴 벽화의 (공통점, 차이점)은 동물 그림이 그려져 있다는 것이다.

3 내용 이해

아주 오래전에 살던 사람들이 동굴 벽에 동물 그림을 그렸던 까닭을 두 가지 고르세요. (　　　　　　)

① 사냥이 잘되기를 바라서

② 동물을 가족으로 생각해서

③ 동물 그림이 그리기 쉬워서

④ 사냥하는 법을 가르치기 위해서

⑤ 동굴 벽에 동물 그림이 어울려서

4 어휘·표현

㉢'그대로'는 무엇을 뜻하는지 빈칸에 알맞은 말을 이 글에서 찾아 쓰세요.

소원이 담긴 [　　][　　]의 내용대로

5

추론

㉣에 들어갈 낱말로 알맞은 것은 무엇인가요? (   )

① 동굴   ② 그림   ③ 식물

④ 동물   ⑤ 사람

6

비판

이 글을 읽고 나서 친구들이 말한 내용입니다. 알맞게 말한 친구는 누구인지 쓰세요.

> 지석: 라스코 동굴 벽화가 어디에 있는지도 알려 줬으면 좋았을 것 같아.
>
> 연주: 우리나라에도 아주 오래전에 살던 사람들이 그린 동물 그림이 남아 있는지
> 를 알려 주지 않아서 아쉬워.

(   )

7

적용·창의

오른쪽 그림은 울산 반구대 암각화의 일부 모습입니다. 이 글의 내용으로 미루어 보아, 아주 오래전에 살던 사람들이 이 그림을 그린 까닭으로 알맞은 것을 두 가지 골라 기호를 쓰세요.

> ㉮ 고래의 종류를 알려 주려고
>
> ㉯ 고래 잡는 방법을 알려 주려고
>
> ㉰ 고래가 사는 곳을 보호해 주려고

(   )

낱말의 뜻

1 다음 문장에 알맞은 낱말을 ( ) 안에서 골라 ○표 하세요.

⑴ 자기 집 주소를 줄줄 (외우는, 외치는) 친구들이 있다.

⑵ 방 안에 누워서 (천장, 옷장)에 매달린 전등을 바라보았다.

⑶ 고구려의 옛 무덤에는 씨름하는 모습을 그린 (벽화, 만화)가 있다.

맞춤법

2 밑줄 친 부분은 소리 나는 대로 쓴 것입니다. 바르게 고쳐 쓰세요.

> 이 <u>그리믄</u> 우리 엄마가 어렸을 때 그린 거예요.

(   )

속담

3 다음은 옛날 사람들이 사냥을 나가기 전에 나눈 대화입니다. 밑줄 친 부분과 뜻이 통하는 속담에 ○표 하세요.

> 아버지: <u>아무리 네가 사냥을 잘해도 다칠 수 있으니까 조심, 또 조심해야 한다.</u>
> 아들: 네, 아버지.

⑴ 원숭이도 나무에서 떨어진다 → 아무리 익숙하고 잘하는 사람이라도 간혹 실수할 때가 있음을 이르는 말. (   )

⑵ 열 번 찍어 아니 넘어가는 나무 없다 → 아무리 뜻이 굳은 사람이라도 여러 번 권하거나 꾀고 달래면 결국은 마음이 변한다는 말. (   )

말줌임표(……)의 ⟨ ㉠ ⟩

우아, 어쩌면 이렇게…….

준서야, 뭐 하니?

…….

1 그림 **가**에서 여자아이는 아름다운 풍경을 보고 "우아, 어쩌면 이렇게……." 라고만 말하고 생각하거나 느낀 것을 모두 표현하지는 않았어요. 이처럼 할 말을 다 하지 않고 줄였음을 나타낼 때에 말줌임표(……)를 써요. 이때 말줌임표 속에는 다 표현하지 못한 말이 숨어 있어요. 어떤 말이 숨어 있는지는 앞뒤 내용을 읽어 보면 알 수 있어요. 그림 **가**에 쓰인 말줌임표에는 "아름다울 수가 있지?"와 같은 말이 숨어 있는 거예요.

2 말줌임표는 말이 없음을 나타낼 때에도 써요. 그림 **나**에서 남자아이는 책을 읽는 데 *집중하느라 아빠의 말씀을 듣지 못했어요. 그래서 ㉡남자아이가 말을 하지 않았다는 것을 나타내기 위하여 말줌임표를 쓴 거예요.

3 이 밖에도 "저기…… 있잖아……."와 같이 *머뭇거리는 것을 표현할 때, 글의 *일부 내용을 *생략할 때에도 말줌임표를 써요.

---

*집중하느라: 한 가지 일에 모든 힘을 쏟아붓느라.
*머뭇거리는: 말이나 행동 따위를 선뜻 결단하여 행하지 못하고 자꾸 망설이는.
*일부: 한 부분. 또는 전체를 여럿으로 나눈 얼마.
*생략할: 전체에서 일부를 줄이거나 뺄.

1 주제

㉠에 들어갈 낱말로 알맞은 것에 ○표 하세요.

모양   종류   쓰임

2 내용 이해

말줄임표를 사용하는 경우가 <u>아닌</u> 것은 무엇인가요? (   )

① 문장이 끝났을 때
② 말이 없음을 나타낼 때
③ 머뭇거리는 것을 표현할 때
④ 할 말을 줄였음을 나타낼 때
⑤ 글의 일부 내용을 생략할 때

3 짜임

글 ❶의 중요한 내용을 알맞게 정리한 것의 기호를 쓰세요.

㉮ 말할 때에는 생각한 것을 다 표현하지 않을 수도 있어요.
㉯ 말줄임표가 나오면 생각하거나 느낀 점을 알아보아야 해요.
㉰ 말줄임표는 할 말을 다 하지 않고 줄였음을 나타낼 때에 써요.

(   )

4 어휘·표현

㉡과 바꾸어 쓸 수 있는 말은 무엇인가요? (   )

① 남자아이가 말하는 법을 잊었다는 것
② 남자아이가 아빠의 말씀을 무시했다는 것
③ 남자아이가 아무 대답도 하지 않았다는 것
④ 남자아이가 아빠의 말씀을 이해하지 못했다는 것
⑤ 남자아이가 아빠의 말씀을 듣고도 모른 체했다는 것

5 이 글의 내용을 생각할 때, 말줄임표의 다른 이름으로 알맞은 것을 모두 고르세요.

추론

( )

① 줄임표   ② 늘임표   ③ 생략표
④ 덧붙임표   ⑤ 말없음표

6 다음은 말줄임표를 어떤 경우에 쓴 것인지 알맞은 것에 ○표 하세요.

적용·창의

> 요일: 월요일, 화요일, 수요일 …… 일요일

(1) 말이 없음을 나타낼 때   ( )
(2) 머뭇거리는 것을 표현할 때   ( )
(3) 할 말을 줄였음을 나타낼 때   ( )
(4) 글의 일부 내용을 생략할 때   ( )

7 밑줄 친 말줄임표에 숨어 있는 말로 알맞은 것은 무엇인가요? ( )

적용·창의

> 그때 준서의 발밑에 무언가 밟혔어요. 내려다보니 목걸이였어요.
> 준서는 목걸이를 주우며 중얼거렸어요.
> "왜 여기에……."

① 처음 왔지?   ② 누가 있지?
③ 내가 서 있지?   ④ 와 본 것 같지?
⑤ 목걸이가 떨어져 있지?

어휘력 강화

낱말의 뜻

1 밑줄 친 낱말이 알맞게 쓰이지 <u>못한</u> 것에 ×표 하세요.

(1) 무슨 말을 해야 할지 몰라 잠시 <u>머뭇거렸다</u>.　　　　　　　（　　　）

(2) 편지에 빠뜨린 내용이 있어서 끝부분에 <u>생략해</u> 썼다.　　　（　　　）

(3) 전국적으로 비가 내릴 것이라고 했지만, <u>일부</u> 지역에서는 비가 오지 않았다.

　　　　　　　　　　　　　　　　　　　　　　　　　　　（　　　）

비슷한말

2 밑줄 친 부분과 뜻이 비슷한 낱말에 ○표 하세요.

(1) | 아름다운 <u>풍경</u>을 보았다. |　　　（ 경치, 구경 ）

(2) | 말이 없음을 나타낼 때에도 <u>써요</u>. |　　　（ 사용해요, 준비해요 ）

관용어

3 다음 그림 속 상황에 어울리는 관용어를 찾아 ○표 하세요.

(1) 코웃음을 치다 → 남을 깔보고 비웃는다는 말.

　　　　　　　　　　　　　　　　　（　　　）

우아!

(2) 입이 딱 벌어지다 → 매우 놀라거나 좋아한다는 말.

　　　　　　　　　　　　　　　　　（　　　）

(3) 쥐구멍을 찾다 → 부끄럽거나 난처하여 어디에라도
숨고 싶어 한다는 말.　　　　　　（　　　）

사랑하는 엄마께

❶ 엄마, 오늘 많이 속상하셨죠? 제가 만화책을 그만 보라고 말씀하시는 엄마께 화를 냈잖아요. 어제 보던 만화책이 너무 재미있어서 숙제를 하기 전에 잠깐 봤던 건데, 정말 죄송해요.

❷ 하지만 엄마와 약속했던 대로 만화책을 일주일에 한 시간만 보는 건 너무 아쉬워요. 만화책을 마음껏 보게 해 주시면 안 될까요? 대신 학습 만화를 읽도록 할게요.

❸ 엄마 말씀처럼 만화 중에는 *폭력적이고 거친 표현이 나오는 것도 있지만, 학습 만화는 좋은 점이 훨씬 많아요.

❹ 학습 만화는 학습 내용을 쉽고 재미있게 공부할 수 있어요. 제가 어려워했던 과학과 *역사 *분야의 지식도 학습 만화를 읽으면서 많이 알게 되었어요. 얼마 전에 도서관에서 달의 변화에 대한 책을 골라서 읽었는데, 읽는 내내 너무 *지루했고 무슨 말인지 도무지 이해할 수 없었어요. 그런데 같은 내용을 학습 만화로 읽었더니 쉽게 이해할 수 있었어요. 그것뿐만이 아니에요. ㉠학습 만화를 읽으면서 그동안 공부하며 받았던 스트레스를 풀 수도 있었어요.

❺ 엄마, 학습 만화를 읽으면 좋은 점이 정말 많아요. 제발 학습 만화를 마음껏 읽을 수 있게 해 주세요.

20○○년 9월 8일

아들 선호 올림

---

* 폭력적: 폭력을 사용하거나 폭력의 방법으로 하는 것.
* 역사: 인간 사회가 시간이 지남에 따라 흥하고 망하면서 변해 온 과정. 또는 그 기록.
* 분야: 여러 갈래로 나누어진 범위나 부분.
* 지루했고: 시간이 오래 걸리거나 같은 상태가 오래 계속되어 따분하고 싫증이 났고.

1 선호가 엄마께 이 편지를 쓴 까닭으로 알맞은 것의 기호를 쓰세요.

주제

> ㉮ 만화책을 그만 보게 해 달라고 말하기 위해서
>
> ㉯ 다시는 엄마와의 약속을 어기지 않겠다고 다짐하기 위해서
>
> ㉰ 학습 만화를 마음껏 읽을 수 있게 해 달라고 말하기 위해서

(   )

2 선호가 엄마와 약속했던 내용은 무엇이었는지 쓰세요.

내용 이해

(   )

3 ❶~❺ 중에서 학습 만화를 읽으면 좋은 점에 대하여 말한 부분의 기호를 쓰세요.

짜임

(   )

4 선호는 학습 만화를 어떻게 생각하는지 알맞은 것의 기호를 두 가지 쓰세요.

내용 이해

> ㉮ 학습 만화에는 폭력적이고 거친 표현이 많이 나온다.
>
> ㉯ 학습 만화를 읽으면서 그동안 쌓여 있던 스트레스를 풀 수 있다.
>
> ㉰ 학습 만화를 읽으면서 학습 내용을 쉽고 재미있게 공부할 수 있다.

(   )

5 추론

㉠을 통해 짐작할 수 있는 사실로 알맞은 것에 ○표 하세요.

(1) 선호는 공부하면서 스트레스를 받기도 한다. ( )

(2) 선호는 스트레스를 받아서 공부를 전혀 하지 않는다. ( )

(3) 선호는 현재 공부하느라 학습 만화를 전혀 읽지 않는다. ( )

6 비판

학습 만화를 읽는 것에 대한 자신의 생각을 알맞게 말한 친구는 누구인지 쓰세요.

> 원우: 나는 학습 만화를 읽어도 좋다고 생각해. 나도 학습 만화를 통해서 새롭게 알게 된 정보가 엄청 많거든.
>
> 지현: 나는 학습 만화를 읽지 않아야 한다고 생각해. 학습 만화는 재미있는 내용이 많아서 공부를 쉽게 할 수 있거든.

( )

7 적용·창의

이 편지를 읽고 나서 엄마가 선호에게 답장을 쓰셨습니다. 빈칸에 들어갈 말로 알맞은 것에 ○표 하세요.

> 너의 편지를 잘 읽었어. 그렇지만 엄마는 네가 학습 만화를 마음껏 읽을 수 있게 해 줄 수 없어. 왜냐하면 ▓▓▓▓▓▓▓▓▓▓▓

(1) 이미 많은 어린이들이 학습 만화를 통해 학습에 흥미를 높이고 독서하는 습관을 기르고 있기 때문이야. ( )

(2) 학습 만화는 줄거리를 이해하는 게 어렵지 않아서 학습해야 할 부분은 대충 읽고 재미있는 부분만 읽게 되기 때문이야. ( )

어휘력 강화

낱말의 뜻

1 빈칸에 알맞은 낱말을 ○보기○에서 찾아 쓰세요.

> ○보기○   분야   폭력적   스트레스

(1) 우리 삼촌은 경제 (   )의 전문가이다.

(2) 나와 동생은 노래를 부르면 (   )가 풀린다.

(3) 전쟁 게임을 너무 많이 하면 (   )인 모습을 보일 수도 있다.

높임말

2 낱말과 그 낱말의 높임말이 바르게 짝 지어지지 <u>않은</u> 것은 무엇인가요? (   )

① 집 – 댁   ② 말 – 말씀

③ 병 – 질환   ④ 밥 – 진지

⑤ 이름 – 성함

사자성어

↗ 교훈이나 유래를 담고 있는 한자 네 자로 이루어진 말이야.

3 다음 상황에 어울리는 사자성어에 ○표 하세요.

> 선호가 엄마와 했던 약속을 어기고 만화책을 봐서 엄마가 그만 보라고 말씀하셨는데, 선호가 오히려 엄마께 화를 냈다.

(1) 고진감래(苦盡甘來) → 쓴 것이 다하면 단 것이 온다는 뜻으로, 고생 끝에 즐거움이 온다는 말.   (   )

(2) 적반하장(賊反荷杖) → 도둑이 도리어 매를 든다는 뜻으로, 잘못한 사람이 아무 잘못도 없는 사람을 나무란다는 말.   (   )

2권 27

돼지는 맞돈 주고 먹는 줄 알았지

옛날 한 선비가 *주막 앞을 지나가고 있었어요. 선비는 점심때가 되어 배가 고팠어요. 마침 주막에서 고소한 두부 냄새가 났어요. 선비는 주막으로 들어가 주인에게 말했어요.

"지금 배가 무척 고픈데, 두부 한 *모만 주시오."

주인은 낡고 *초라한 옷을 입은 선비를 보고는 눈살을 찌푸리며 말했어요.

"돈은 있소?"

"우리 집이 이곳에서 무척 가깝다오. 일단 먹은 다음에 금방 가져다 주리다."

"허허, 뭘 믿고 처음 본 사람에게 *외상을 준단 말이오? 게다가 돈도 없어 보이는구만!"

주인은 콧방귀를 뀌며 말했어요. 그런 다음, 물을 *길러 우물가로 나갔어요.

그때 고소한 두부 냄새를 맡은 돼지들이 우르르 몰려들더니 두부를 냉큼 먹어 치웠어요.

잠시 뒤, 주막으로 돌아온 주인은 돼지 떼가 두부를 먹어 치운 걸 알고 깜짝 놀랐어요.

주인은 선비에게 따지듯 말했어요.

"아니, 돼지들이 두부 먹는 걸 보고도 가만히 있었단 말이오?"

그러자 선비가 슬쩍 웃으며 대답했어요.

"아이고, 외상인 줄 알았으면 말렸을 텐데……. 난 돼지들이 ㉠맞돈 주고 먹는 줄 알았지."

주인은 아무 말도 하지 못했어요.

1

내용 이해

주인이 선비에게 두부를 주지 않은 까닭을 두 가지 찾아 ○표 하세요.

(1) 처음 본 사람이라서 믿을 수 없었기 때문에   (   )

(2) 선비가 주인을 보고 눈살을 찌푸리며 말했기 때문에   (   )

(3) 낡고 초라한 옷을 입고 있어서 돈이 없어 보였기 때문에   (   )

2

어휘·표현

이 글의 내용으로 보아 ㉠'맞돈'의 뜻으로 알맞은 것은 무엇인가요? (   )

① 모아 둔 돈.   ② 남한테서 빌린 돈.

③ 일을 하고 받는 돈.   ④ 부모님께서 주신 돈.

⑤ 그 자리에서 바로 치르는 돈.

3

감상

선비의 행동이 옳지 못하다는 생각을 가진 친구는 누구누구인지 쓰세요.

> 태오: 선비도 주인과 마찬가지로 상대방을 배려하지 않은 거야.
>
> 유라: 선비는 주인의 행동이 잘못되었다는 것을 알려 주려고 그랬을 거야.
>
> 현진: 아무리 기분이 상했어도 돼지가 두부를 먹어 치우도록 놔 둔 것은 잘못이야.

(   )

4

적용·창의

만약 주인이 인정 많은 성격이었다면 이야기가 어떻게 달라졌을지 알맞은 것에 ○표 하세요.

(1) 두부를 먹어 치운 돼지를 마구 때렸을 것이다.   (   )

(2) 선비에게 두부를 주는 대신 많은 돈을 내라고 했을 것이다.   (   )

(3) 선비에게 외상으로 두부를 주고 나중에 돈을 받았을 것이다.   (   )

가

⊙수지에게

오늘 너와 짝꿍이 되지 않아서 너무 슬퍼. 이번에는 꼭 짝꿍이 되고 싶었는데……. *제비뽑기 말고 그냥 함께 앉고 싶은 친구끼리 짝꿍을 정했으면 좋겠어. 그러면 너와 짝꿍이 될 수 있을 텐데……. 다음에 짝꿍을 바꿀 때에는 선생님께 *제안해 봐야겠어.

⊙주말 잘 보내고 월요일에 학교에서 보자. 안녕.

⊙20○○년 9월 30일 토요일

⊙너를 좋아하는 예나가

나

내일은 짝꿍을 바꾸는 날이에요. 우리 반은 한 달에 한 번씩 제비뽑기로 짝꿍을 바꾸고 있어요. 그러다 보니 마음이 안 맞는 짝꿍과 *티격태격하는 친구들이 *종종 있어요. 그래서 수업 시간에 방해가 되기도 해요.

저는 짝꿍을 학생들 마음대로 정해야 한다고 생각해요. 함께 앉고 싶은 친구끼리 짝꿍이 되었으면 좋겠어요.

마음이 잘 맞는 친구와 짝꿍이 되면 다툴 일이 별로 없어요. 서로 도우면서 즐겁게 학교생활을 할 수 있지요.

또, 공부도 더 열심히 하게 돼요. 친한 친구와 짝꿍이 되면 수업 시간에 떠들 것 같지만 그렇지 않아요. 오히려 서로에게 도움이 되는 친구가 되기 위해서 더 열심히 공부해요.

내일은 꼭 학생들 마음대로 짝꿍을 정할 수 있게 해 주셨으면 좋겠어요. 한 달만 해 보고 안 좋은 점이 더 많으면 그때는 예전처럼 제비뽑기로 짝꿍을 바꾸어도 좋아요.

● 지문의 난이도
상 중 하

● 문제의 난이도
상 중 하

▶ **낱말 뜻**

* 제비뽑기: 제비(겉에서 보이지 않게 표시한 종이쪽지나 막대)를 만들어 승부나 차례를 정하는 일.
* 제안해: 어떤 의견을 내놓아.
* 티격태격하는: 서로 뜻이 맞지 아니하여 이러니저러니 옳고 그름을 따지며 가리는.
* 종종: 가끔. 때때로.

5

짜임

㉠~㉣ 중에서 편지를 쓴 사람이 누구인지 알 수 있는 것의 기호를 쓰세요.

(   )

6

추론

글 **가**와 **나**에 대한 설명으로 알맞은 것은 무엇인가요? (   )

① 글의 길이가 같다.   ② 글을 쓴 때가 같다.

③ 글을 쓴 장소가 같다.   ④ 글쓴이의 생각이 같다.

⑤ 글을 읽을 사람이 같다.

7

내용 이해

글 **나**의 내용을 생각할 때, 빈칸에 들어갈 말로 알맞은 것에 ○표 하세요.

>   은 짝꿍과 다툴 일이 별로 없고, 공부를 더 열심히 하게 된다는 점이다.

(1) 혼자 앉으면 좋은 점   (   )

(2) 제비뽑기로 짝꿍을 정하면 좋은 점   (   )

(3) 짝꿍을 학생들 마음대로 정하면 좋은 점   (   )

8

비판

다음은 수완이가 글 **나**를 읽고 자신의 생각을 말한 것입니다. 빈칸에 들어갈 까닭으로 알맞은 것에 ○표 하세요.

> 수완: 나도 글쓴이의 생각에 찬성해.

(1) 학교에 가는 일이 즐거울 것이기 때문이야.   (   )

(2) 수업 시간에도 놀고 싶은 마음이 생길 수 있기 때문이야.   (   )

(3) 짝꿍을 빨리 정하지 못한 친구는 부끄러울 수 있기 때문이야.   (   )

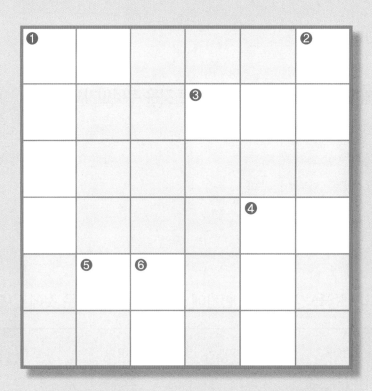

가로 →

❶ 의견이나 안건으로 내놓음.
　㉠ 청소 당번을 정하는 방법을 선생님께 ○○해 봐야겠어.

❸ 바위나 동굴의 벽면 따위에 칠하기, 새기기, 쪼기 등의 방법으로 그린 그림.

❹ 값은 나중에 치르기로 하고 물건을 사거나 파는 일.

❺ 인간 사회가 시간이 지남에 따라 흥하고 망하면서 변해 온 과정. 또는 그 기록.
　㉠ 우리 민족의 ○○를 바로 알아야 해.

세로 ↓

❶ 제비(겉에서 보이지 않게 표시한 종이쪽지나 막대)를 만들어 승부나 차례를 정하는 일.

❷ 건물이나 동굴, 무덤 따위의 벽에 그린 그림.

❹ 글이나 말을 기억해 두었다가 한 자도 틀리지 않게 그대로 말하다.
　㉠ 국어 시간에 시를 줄줄 ○○○.

❻ 일의 형편이나 까닭.
　㉠ 어머니께서 편찮으셔서 우리 집 ○○이 좋지 않다.

정답 및 해설 16쪽에서 확인하세요.

뚱보 요리사의 그림자를 찾아보세요!

정답 및 해설 16쪽에서 확인하세요.

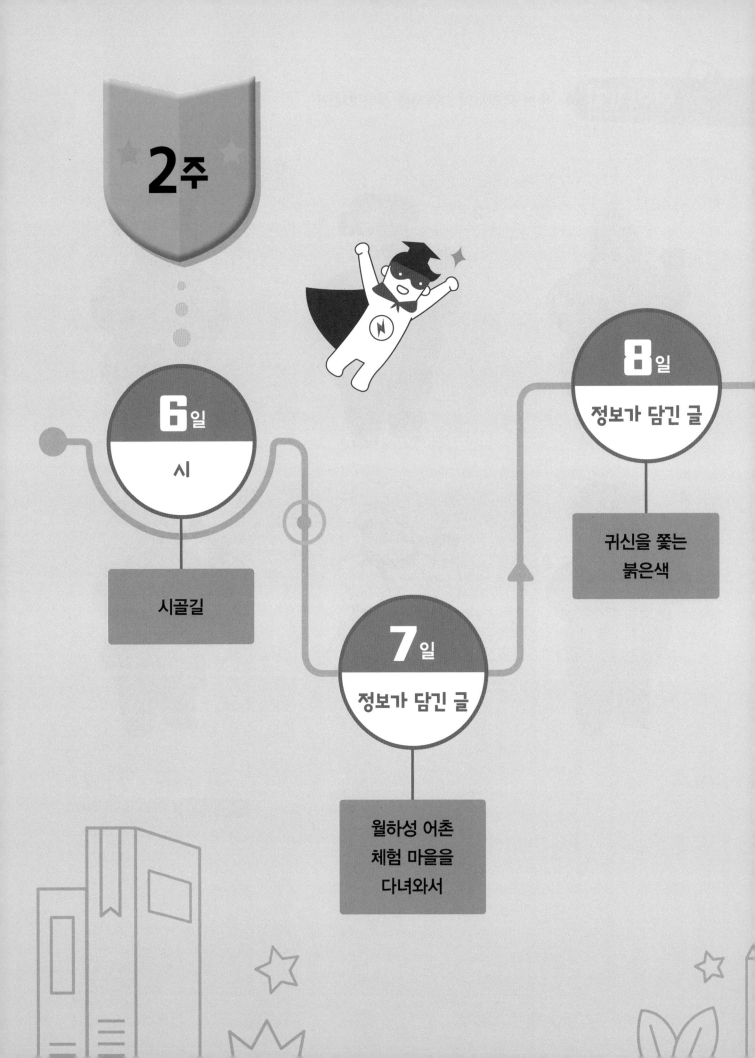

2주

6일

시

시골길

7일

정보가 담긴 글

월하성 어촌
체험 마을을
다녀와서

8일

정보가 담긴 글

귀신을 쫓는
붉은색

10일

최상위 독해

- 내 동생 강현지
- 그 아이

- 봉선화
- 봉숭아 물 들이기

9일

의견이 담긴 글

부모님께
높임말을
사용하자

시골길

문삼석

돌멩이를 차면서
자동차는

― ㉠에, 그 길 *고약하군!

흙먼지를 날리면서
시골길은

― ㉡에, 그 차 고약하군!

*고약하군: 생김새 등이 흉하거나 성격 같은 것이 거칠고 사납군.

1

주제

이 시에서 중요한 낱말을 한 가지 더 찾아 쓰세요.

자동차, ☐☐☐

2

내용 이해

이 시에 나타난 상황을 표현한 문장으로 알맞은 것의 기호를 쓰세요.

> ㉮ 자동차가 울퉁불퉁한 시골길을 달리니 흙먼지가 날린다.
> ㉯ 시골길에 돌멩이가 많아 자동차가 달리지 못하고 서 있다.
> ㉰ 시골길을 달리는 자동차 때문에 돌멩이가 튀어 사람이 다쳤다.

(   )

3

어휘·표현

이 시에서 반복되는 말로 알맞은 것을 두 가지 고르세요. (   )

① 에　　　　　　　　　② 차면서
③ 날리면서　　　　　　④ 시골길은
⑤ 고약하군

4

내용 이해

㉠과 ㉡은 각각 누가 한 말인지 쓰세요.

(1) ㉠: ☐☐☐　　　　　　(2) ㉡: ☐☐☐

5

추론

자동차와 시골길의 마음으로 알맞은 것은 무엇인가요? (   )

① 서로를 원망하는 마음   ② 서로를 그리워하는 마음

③ 서로를 부러워하는 마음   ④ 서로에게 미안해하는 마음

⑤ 서로를 불쌍하게 여기는 마음

6

감상

이 시를 읽고 떠오른 생각이나 느낌을 알맞게 말하지 <u>못한</u> 친구는 누구인지 쓰세요.

> 채운: 남을 원망하고 투덜거리기만 하는 건 좋지 않아.
>
> 주원: 방학 때 할머니 댁에 가서 신나게 놀았던 일이 떠올라.
>
> 도경: 자동차와 시골길은 자기의 입장에서만 생각하고 있어.

(   )

7

적용·창의

흉내 내는 말을 넣어 이 시의 일부분을 바꾸어 쓰려고 합니다. 빈칸에 알맞은 흉내 내는 말을 (   ) 안에서 골라 ○표 하세요.

(1)

> 돌멩이를 (   ) 차면서

(삭삭, 툭툭, 훌쩍)

(2)

> 흙먼지를 (   ) 날리면서

(둥실, 쭉쭉, 풀풀)

낱말의 뜻

1 다음 문장에 알맞은 낱말을 ( ) 안에서 골라 ○표 하세요.

(1) 형이 (짠, 찬) 공이 빠르게 굴러갔다.

(2) 놀부는 욕심이 많고 성격이 (고약했다, 고요했다).

(3) 우리는 종이비행기를 하늘로 (날리며, 돌리며) 놀았다.

합성어

2 다음 ○보기○처럼 낱말과 낱말이 만나서 이루어진 낱말을 모두 고르세요. ( )

○ 보기 ○   • 흙먼지 → 흙 + 먼지   • 시골길 → 시골 + 길

① 김밥   ② 나무
③ 아버지   ④ 손수건
⑤ 눈사람

관용어

3 다음은 이 시에 나오는 자동차가 시골길의 말을 듣고 했을 생각을 상상한 것입니다. 빈칸에 들어갈 관용어로 알맞은 것에 ○표 하세요.

'길이 울퉁불퉁해서 어쩔 수 없이 그런 건데, 참 나!   '.

(1) 기가 차네 → 하도 어이가 없어 말이 나오지 않다는 뜻.   ( )

(2) 깨가 쏟아지네 → 두 사람의 사이가 매우 좋아 행복하고 재미나다는 뜻. ( )

월하성 *어촌 체험 마을을 다녀와서

"맛조개 잡으러 가자!"

주말 아침 아빠의 말 한마디에 우리 가족은 충청남도 서천으로 향했다. 한 시간 정도 걸려 도착한 곳은 갯벌이 넓게 펼쳐진 월하성 어촌 체험 마을이었다.

월하성 어촌 체험 마을은 바지락, 백합, 동죽, 맛조개 등을 잡는 체험 프로그램을 *운영하고 있었다. 그중에서 특히 맛조개 잡기 체험이 인기가 많다고 했다. 맛조개는 긴 막대기같이 생겨서 생김새가 재미있고 잡는 방법이 *색다르기 때문이었다.

우리가 도착했을 때에는 마침 물이 빠져 있었다. 체험장에서 호미나 갈고리, 장화 등의 ⟨　　㉠　　⟩를 빌릴 수 있지만, 우리는 집에서 미리 준비해 갔기 때문에 체험비를 내고 바로 갯벌로 들어갔다.

동생과 나는 아빠가 알려 주신 대로 삽으로 갯벌을 살짝 걷어 낸 뒤 8자 모양의 구멍을 찾아 소금을 넣었다. 그러자 구멍 밖으로 맛조개가 살짝 모습을 드러냈다. 맛조개를 바로 잡고 싶었지만 ㉡아빠가 잠깐 기다리라고 하셨다. 아빠의 말씀대로 잠깐 기다리자, 맛조개가 갯벌 위로 몸을 더 많이 내밀었다. 나는 맛조개를 놓치지 않기 위해 재빨리 잡았다. 길쭉한 맛조개의 모습이 신기하기도 하고 귀엽기도 했다. 한참을 들여다본 뒤에 바구니 안에 맛조개를 넣었다.

우리는 맛조개 잡는 재미에 푹 빠져 세 시간이나 갯벌에 있었다. 더 있고 싶었지만 물이 슬슬 들어오기 시작했다. 밖으로 나와 바구니에 가득 담겨 있는 맛조개를 보니 뿌듯했다. 아빠와 다음에 또 오기로 약속하고 집으로 돌아왔다.

* 어촌: 고기잡이를 하는 사람들이 모여 사는 바닷가 마을.
* 운영하고: 회사, 조직, 단체 등을 꾸리고 맡아서 이끌고.
* 색다르기: 느낌, 모습 등이 보통의 것과 다르기.

1

주제

이 글은 무엇에 대해 쓴 글인지 빈칸에 알맞은 말을 쓰세요.

• 월하성 어촌 체험 마을에서 ☐☐☐ ☐☐ 체험을 하고 쓴 글이다.

2

내용 이해

월하성 어촌 체험 마을에 대한 설명으로 알맞지 <u>않은</u> 것은 무엇인가요? (   )

① 체험비를 내야 한다.
② 충청남도 서천에 있다.
③ 하루 중 아무 때나 체험할 수 있다.
④ 조개를 잡을 때 필요한 물건을 빌려주기도 한다.
⑤ 여러 가지 종류의 조개 잡기 체험 프로그램을 운영하고 있다.

3

어휘·표현

㉠에 들어갈 말로 알맞은 것은 무엇인가요? (   )

① 가구   ② 장비   ③ 시설
④ 기계   ⑤ 재료

4

내용 이해

맛조개를 잡는 과정에 맞게 차례대로 기호를 쓰세요.

| ㉮ 갯벌 걷어 내기 | ㉯ 구멍에 소금 넣기 |
| ㉰ 8자 모양 구멍 찾기 | ㉱ 맛조개가 몸을 내밀면 잡기 |

(   ) → (   ) → (   ) → (   )

5 추론

ⓛ에서 아빠가 잠깐 기다리라고 하신 까닭으로 알맞은 것에 ○표 하세요.

(1) 맛조개가 소금을 먹은 뒤에 잡아야 더 맛있어서 ( )

(2) 맛조개가 진흙을 뱉어 낸 뒤에 잡아야 먹기 편해서 ( )

(3) 맛조개가 몸을 더 많이 내밀었을 때 잡아야 잡기 쉬워서 ( )

6 짜임

이 글에 나온 다음 내용은 각각 무엇에 해당하는지 ◦보기◦에서 찾아 기호를 쓰세요.

| ◦보기◦ | ㉮ 한 일 | ㉯ 들은 것 | ㉰ 생각이나 느낌 |

(1) 체험비를 내고 갯벌로 들어갔다. ( )

(2) 맛조개 잡기 체험이 인기가 많다고 했다. ( )

(3) 길쭉한 맛조개의 모습이 신기하기도 하고 귀엽기도 했다. ( )

7 적용·창의

다음 내용으로 보아, 월하성 어촌 체험 마을은 우리나라의 동해안, 서해안, 남해안 중에서 어디에 있을지 쓰세요.

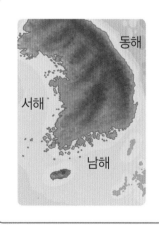

동해안은 바닷물이 깊이가 깊고 *밀물과 *썰물의 차가 심하지 않아서 갯벌이 없어요. 밀물과 썰물의 차가 심한 곳은 서해예요. 서해안은 바닷물의 깊이가 얕고 밀물과 썰물의 차가 커서 갯벌이 넓게 나타나요. 남해안에는 약 2000개가 넘는 크고 작은 섬이 있어요.

* 밀물: 바닷물이 육지쪽으로 밀려 들어오는 것.
* 썰물: 바닷물이 바다쪽으로 밀려 나가는 것.

( )

어휘력 강화

1 다음 문장에 알맞은 낱말을 (   ) 안에서 골라 ○표 하세요.

(1) 외할머니는 시골에서 작은 가게를 (운반하신다, 운영하신다).

(2) 모은 돈으로 어려운 사람을 도와주어서 (뿌듯했다, 깨끗했다).

(3) 라면을 끓일 때 우유를 넣었더니 (색다른, 막다른) 맛이 났다.

2 밑줄 친 '말'의 뜻으로 알맞은 그림에 ○표 하세요.

아빠의 <u>말</u> 한마디에 우리 가족은 서천으로 향했다.

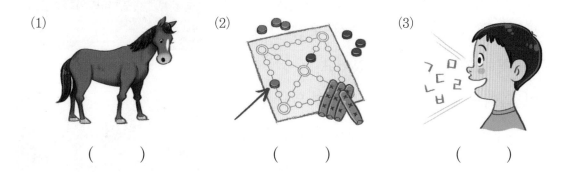

(1)   (2)   (3)

(   )   (   )   (   )

3 다음 그림에 어울리는 사자성어에 ○표 하세요.

(1) 자화자찬(自畵自讚) → 자기가 한 일을 스스로 자
랑한다는 뜻.   (   )

(2) 일거양득(一擧兩得) → 한 가지 일을 하여 두 가
지 이익을 얻는다는 뜻.   (   )

귀신을 쫓는 붉은색

1 옛날 우리 조상들은 팥의 붉은색에 귀신을 쫓아내는 힘이 있다고 믿었어요. 귀신은 붉은색을 〔 ㉠ 〕 때문에 붉은색을 보면 가까이 오지 못하고 도망간다고 생각했지요. 그래서 *동지에 붉은 팥으로 팥죽을 끓여 먹거나 아기 생일에 수수팥떡을 해 주었어요. 귀신을 쫓아내고 건강하게 잘 지내기 위해서지요.

▲ 팥

2 *능이나 묘, 대궐, *관청 등의 입구에 붉은 칠을 한 나무 문을 세워 놓은 것도 귀신을 쫓기 위해서예요. 그 붉은색 나무 문을 홍살문이라고 해요. 홍살문은 붉은색을 칠한 길쭉한 나무 기둥 두 개를 세우고, 그 사이에 화살 모양의 나무를 나란히 꽂아 지붕 없이 만들었어요.

▲ 홍살문

3 이 외에도 귀신을 쫓기 위해 붉은색을 이용한 예는 많아요. 집 마당에 맨드라미 같은 붉은 꽃을 심기도 했고, 봉숭아 꽃잎을 따서 *백반과 함께 찧어 손톱에 봉숭아 물을 붉게 들이기도 했어요.

▲ 맨드라미

* 동지: 한 해를 24로 나눈 때 가운데 22번째 때. 일 년 중 낮이 가장 짧고 밤이 가장 긴 날로, 12월 22일이나 23일경.
* 능: 왕이나 왕비의 무덤.
* 관청: 국가의 일을 하는 곳.
* 백반: 단단하고 투명하며 떫은맛이 나는 물질. 약으로 쓰거나 손톱에 봉숭아 물을 들일 때 가루를 내어 씀.

1

주제

이 글은 무엇에 대해 설명하는 글인지 알맞은 것의 기호를 쓰세요.

> ㉮ 우리 조상들이 귀신을 모신 방법
>
> ㉯ 우리 조상들이 붉은색을 싫어하게 된 까닭
>
> ㉰ 우리 조상들이 귀신을 쫓기 위해 붉은색을 이용한 예

(   )

2

내용 이해

우리 조상들은 귀신을 쫓기 위해 팥을 어떻게 이용했는지 한 가지를 더 쓰세요.

• 동지에 팥죽을 끓여 먹었다.

• _____

3

추론

㉠에 들어갈 말로 알맞은 것은 무엇인가요? (   )

① 모르기   ② 아끼기   ③ 즐기기

④ 좋아하기   ⑤ 싫어하기

4

내용 이해

홍살문에 대한 설명으로 알맞은 것에 ○표 하세요.

(1) 지붕을 붉은색으로 칠했다.   (   )

(2) 임금이 사는 대궐에만 세워 두었다.   (   )

(3) 붉은색을 칠한 나무로 만든 문으로, 귀신을 쫓기 위해 세웠다.   (   )

5

추론

다음 내용은 이 글의 어디에 들어가는 것이 알맞을지 ○표 하세요.

> 또 어떤 지역에서는 전염병이 유행할 때 우물에 팥을 넣기도 했어요. 그렇게 하면 전염병을 일으키는 귀신을 쫓아 물이 맑아지고 질병을 없앨 수 있다고 믿었지요.

(1) 글 **1**의 뒤 ( )

(2) 글 **2**의 뒤 ( )

(3) 글 **3**의 뒤 ( )

6

짜임

글 **3**의 주요 내용을 정리하여 빈칸에 알맞은 말을 쓰세요.

> 붉은색을 이용하여 귀신을 쫓기 위해서 집 마당에 □□□□
>
> 를 심고, 손톱에 □□□ □ 을 들이기도 했다.

7

적용·창의

이 글을 읽고 더 알고 싶은 내용을 알맞게 말하지 <u>못한</u> 친구의 이름을 쓰세요.

> 의찬: 다른 나라 사람들은 귀신을 쫓기 위해 어떻게 하는지 궁금해.
> 성빈: 홍살문에 진짜 화살을 매달아 놓은 까닭이 무엇인지 알고 싶어.
> 소희: 아기 생일에 수수팥떡을 해 주었다고 했는데, 몇 살 때까지 그랬는지 궁금해.

( )

낱말의 뜻

1 다음 뜻을 가진 낱말을 ○보기○에서 찾아 쓰세요.

○ **보기** ○   능   대궐   관청

(1) 왕이나 왕비의 무덤. → (   )

(2) 국가의 일을 하는 곳. → (   )

(3) 옛날에 왕이 살면서 나라를 다스리던 큰 집. → (   )

꾸며 주는 말

2 다음 문장에 알맞은 낱말을 (   ) 안에서 골라 ○표 하세요.

(1) 게시판의 글씨가 너무 작아 (가까이, 가벼이) 다가가서 보았다.

(2) 우리 집 마당에는 은행나무와 단풍나무가 (요란히, 나란히) 서 있다.

사자성어

3 빈칸에 들어갈 사자성어로 알맞은 것에 ○표 하세요.

> 요즘에는 동지에 팥죽을 해 먹는 집이 많지 않아요. 그러나 예전에는 동지가 되면 ▨▨▨▨ 팥죽을 해 먹었어요.

(1) 십중팔구(十中八九) → 열 가운데 여덟이나 아홉 정도로 거의 대부분이거나 거의 틀림없음을 뜻하는 말.   (   )

(2) 우왕좌왕(右往左往) → 어떤 일을 할 때 올바른 방향을 잡지 못하고 이리저리 왔다 갔다 하는 모습을 뜻하는 말.   (   )

부모님께 높임말을 사용하자

1 ㉠높임말은 웃어른께 *공경하는 마음을 담아 하는 말이다. 그런데 요즘 부모님께 높임말을 사용하지 않는 어린이들을 많이 볼 수 있다. 부모님께 높임말을 사용하면 ㉮*거리감이 느껴진다고 말하는 어린이들도 있지만, 부모님께 높임말을 사용하는 것은 당연한 일이다. ㉡그렇다면 부모님께 높임말을 사용해야 하는 까닭은 무엇일까?

2 첫째, 웃어른께 높임말을 사용하는 것은 우리 *조상들이 오랜 세월 동안 지켜 온 아름다운 *풍속이다. ㉢우리나라는 예로부터 *동방예의지국이라고 불리며 어른에 대한 예의를 중요하게 여겨 왔다. 어른께 예의를 지키는 방법 중에 하나가 높임말을 사용하는 것이다. 부모님도 웃어른이므로 당연히 높임말을 사용해야 한다.

3 (㉯), 부모님께 높임말을 사용하면 부모님을 공경하는 마음을 표현할 수 있고, 부모님을 공경하는 행동을 하게 된다. 부모님께 *예사말을 사용하면 친구에게 하듯이 편하게 말을 하게 될 수도 있고, 그러다 보면 버

"아빠에게 밥 먹어요."라고 말했어.

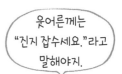
웃어른께는 "진지 잡수세요."라고 말해야지.

릇없는 행동을 할 수도 있다. 부모님께 높임말을 사용하면 부모님은 공경해야 할 대상이라는 것을 잊지 않아 평소에도 예의 바르게 행동하게 된다.

4 부모님은 나를 낳아 주시고 길러 주시는 고마운 분이시다. ㉣부모님과 대화할 때에는 공손한 태도로 높임말을 사용하자.

* 공경하는: 공손히 받들어 모시는.
* 거리감: 서먹하거나 별로 친하지 않다고 느끼는 감정.
* 조상: 같은 겨레의 옛 사람들.
* 풍속: 그 사회에 속한 사람들에게 옛날부터 전해 오는 생활 습관.
* 동방예의지국: 동쪽에 있는 예의에 밝은 나라라는 뜻으로, 예전에 중국에서 우리나라를 이르던 말.
* 예사말: 높이거나 낮추는 말이 아닌 보통 말.

1
주제

㉠~㉣ 중 글쓴이의 생각이 가장 잘 나타난 문장의 기호를 쓰세요.

(   )

2
어휘·표현

㉮'거리감이 느껴진다'의 뜻으로 알맞은 것은 무엇인가요? (   )

① 멀게 느껴진다.   ② 지루하게 느껴진다.

③ 친근하게 느껴진다.   ④ 재미있게 느껴진다.

⑤ 자랑스럽게 느껴진다.

3
어휘·표현

㉯에 들어갈 말로 알맞은 것에 ○표 하세요.

> 먼저   둘째   나중에

4
내용 이해

부모님께 높임말을 사용해야 하는 까닭으로 알맞은 것을 두 가지 찾아 ○표 하세요.

(1) 예사말을 사용하는 것보다 높임말을 사용하는 것이 더 쉽기 때문이다.   (   )

(2) 부모님을 공경하는 마음을 표현할 수 있고, 공경하는 행동을 하게 되기 때문이다.

(   )

(3) 웃어른께 높임말을 사용하는 것은 오랜 세월 동안 지켜 온 아름다운 풍속이기 때문이다.

(   )

5 이 글을 읽고 짐작하여 말한 내용이 알맞지 <u>않은</u> 친구의 이름을 쓰세요.

추론

> 서희: 우리말에는 높임말이 발달해 있을 것 같아.
>
> 유진: 옛날에는 부모님께 높임말을 사용하는 것을 당연하게 여겼을 거야.
>
> 재영: 옛날에 다른 나라 사람들은 우리나라 사람이 예의 없다고 생각했을 거야.

(   )

6 다음은 이 글을 읽고 글쓴이의 생각에 대해 자신의 생각을 말한 것입니다. 어떤 생각을 말한 것인지 (   ) 안에서 알맞은 말을 골라 ○표 하세요.

비판

> 나는 글쓴이의 생각과 (같아, 달라). 부모님께 예사말을 사용한다고 해서 부모님을 공경하는 마음이 없는 것은 아니야. 부드러운 말투로 부모님께 예사말을 사용하면 더 친근감이 느껴질 수 있어.

7 글쓴이가 이 글을 쓴 까닭은 신문 기사를 읽었기 때문입니다. 글쓴이가 읽었을 신문 기사의 제목으로 가장 알맞은 것에 ○표 하세요.

적용·창의

(1)   인공 지능 ○○○, 높임말도 번역한다   (   )

(2)   부모님께 예사말 사용하는 어린이 늘고 있다   (   )

(3)   초등학생 유행어 사용 텔레비전 영향 크다   (   )

어휘력 강화

낱말의 뜻

1 다음 낱말과 뜻을 보고, 빈칸에 알맞은 말을 ○ 보기 ○에서 찾아 쓰세요.

> **○ 보기 ○**　　　　　풍속　　　예의　　　조상

(1) (　　　　　): 같은 겨레의 옛 사람들.

(2) (　　　　　): 그 사회에 속한 사람들에게 옛날부터 전해 오는 생활 습관.

(3) 동방예의지국: 동쪽에 있는 (　　　　　)에 밝은 나라라는 뜻으로, 예전에 중국에
서 우리나라를 이르던 말.

헷갈리기 쉬운 말

2 빈칸에 들어갈 말로 알맞은 것에 ○표 하세요.

> 친구와 만나기로 한 약속을 깜빡　　　　　　　.

(1) 잃었다 (　　　　) 　　　　　　　　　　(2) 잊었다 (　　　　)

속담

3 다음은 이 글을 읽고 다짐한 내용입니다. 빈칸에 들어갈 속담으로 알맞은 것에 ○표
하세요.

> 오늘부터 부모님께 높임말을 사용해야겠어. 뭐 별로 어려운 일도 아니야.
> 　　　　　　　지.

(1) 누워서 떡 먹기 → 매우 하기 쉽다는 뜻. 　　　　　　　　　　　　　(　　　)

(2) 수박 겉 핥기 → 속 내용은 모르고 겉만 건드린다는 뜻. 　　　　　　(　　　)

가 내 동생 강현지

"야, 강현지! 너 뭐 하는 거야?"

나는 참지 못하고 동생에게 *버럭 소리를 지르고 말았다. 현지가 내 연필을 벌써 세 번이나 부러뜨렸기 때문이다.

현지도 이번에는 정말 미안했는지 아무 말도 못 하고 눈물만 뚝뚝 흘렸다. 순간 내가 너무 심했나 하는 생각이 들었다.

㉠'일부러 그런 것도 아닐 텐데, 달래 줄까 말까?'

그렇지만 이번에도 그냥 쉽게 용서해 주면 다음에 또 그럴 것 같았다. 그래서 모른 체하고 방에서 나왔다.

나는 거실에서 그림을 그렸다. 그런데 5분 정도 지나자, 혼자 방에 있는 현지가 신경 쓰이기 시작했다.

나 그 아이

김영일

나하고 싸운
아이네 집을
지났다.

㉡그 아이는
지금
㉮무얼 하고 있을까?

㉯불러 볼까 말까
그냥 지났다.

어쩐지 마음에 걸린다.

뒤돌아보니
그 아이는
장미꽃 *울타리에서
웃고 있었다.

나는 번쩍
손을 들어 보이고
㉰힝 달려
집으로 왔다.

● 지문의 난이도
상 중 하

● 문제의 난이도
상 중 하

> **낱말 뜻**

* 버럭: 성이 나서 갑자기 기를 쓰거나 소리를 냅다 지르는 모양.
* 울타리: 풀, 나무 들을 엮어서 집이나 밭 둘레에 친 작은 담장.

1 글 **가**와 **나**에 나오는 '내'가 다음과 같은 행동을 한 까닭은 각각 무엇인지 빈칸에 알맞은 말을 쓰세요.

내용 이해

(1) 글 **가**에서 '내'가 동생 현지에게 버럭 소리를 지른 까닭: 현지가 '내' 연필을

☐☐☐☐☐ 때문에

(2) 글 **나**에서 '내'가 '그 아이'에게 손을 번쩍 들어 보인 까닭: '그 아이'가 '나'를 보고

☐☐ 있었기 때문에

2 ㉮~㉰ 중에서 ㉠에 담긴 '내' 마음과 같은 마음인 것을 찾아 기호를 쓰세요.

추론

(　　　　　　)

3 ㉡'그 아이'는 누구를 말하는지 글 **나**에서 찾아 쓰세요.

내용 이해

(　　　　　　　　) 아이

4 글 **가**와 **나**를 읽고 말한 내용이 알맞은 친구는 누구인지 쓰세요.

감상

> 소윤: 글 **가**와 **나**에 나오는 '나'는 모두 자기만 생각하는 이기적인 아이야.
> 동하: 글 **가**에 나오는 동생은 잘못을 반성할 줄 몰라. 그런 점은 고쳐야 해.
> 채민: 글 **가**와 **나**를 읽을 때 어제 오빠와 싸우고 화해했던 일이 떠올랐어. 나도 그 때 화해하는 게 쉽지는 않았어.

(　　　　　　)

● 지문의 난이도
상 중 하
● 문제의 난이도
상 중 하

가

봉선화는 오래전부터 *화단이나 길가에 키우던 *화초였다. 4~5월에 씨를 뿌리면 6월 이후부터 하양, 빨강, 분홍, 보라 등의 꽃이 피기 시작한다. 한 번 *재배하면 씨앗이 떨어져 해마다 같은 자리에서 자란다.

▲ 봉선화

봉선화라는 이름은 꽃의 모양이 날개와 깃, 발을 모두 갖춘 봉황새를 닮았다고 해서 붙여진 것이다. 봉선화를 봉숭아라고 부르기도 한다.

봉선화의 꽃과 이파리는 옛날부터 손톱이나 발톱을 물들이는 데 사용했다. 흰색 꽃은 한약 재료로 이용하기도 했다.

나

손톱에 봉숭아 물을 들이려면 먼저 봉숭아 꽃잎과 이파리를 여러 장 준비한다. 꽃잎은 어느 색깔이어도 상관없다. 꽃잎과 이파리가 준비되면 *절구에 백반과 함께 넣어 여러 번 찧는다. 백반은 손톱에 색이 진하

▲ 괭이밥

게 들게 하기 위해 넣는 것으로, 백반이 없으면 괭이밥이라는 풀을 넣어도 된다.

다 찧어진 것을 조금 떼어 손톱 위에 （ ㉠ ） 뒤 비닐로 싸고 실로 꽁꽁 *동여맨다. 그 상태로 빠지지 않게 조심해서 하룻밤만 자고 일어나면 예쁘게 봉숭아 물이 든다. 봉숭아 물이 손톱 주위까지 붉게 물드는 것을 막으려면 밀가루 반죽을 손톱 주위에 붙이거나 로션 또는 크림을 바르면 된다. 봉숭아 물을 진하게 들이고 싶으면 여러 번 반복해서 들인다.

낱말 뜻

*화단: 꽃을 심기 위하여 흙을 한층 높게 하여 꾸며 놓은 꽃밭.
*화초: 꽃이 피는 풀이나 나무. 또는 심어서 기르는 꽃이나 나무.
*재배하면: 식물을 심어 가꾸면.
*절구: 곡식을 빻거나 찧으며 떡을 치기도 하는 기구.
*동여맨다: 끈이나 새끼, 실 따위로 두르거나 감거나 하여 묶는다.

5 _{주제}

다음 내용은 글 **가**와 **나** 중 어떤 글을 읽어야 알 수 있는지 알맞은 기호를 쓰세요.

(1) 봉숭아 물을 들이는 방법: (   )

(2) 봉선화라는 이름이 붙여진 까닭: (   )

6 _{어휘·표현}

㉠에 들어갈 말로 알맞은 것에 ○표 하세요.

> 칠한   부친   올린

7 _{추론}

글 **가**와 **나**를 읽고 짐작한 내용이 알맞지 <u>않은</u> 친구의 이름을 쓰세요.

> 나영: 봉숭아 물을 들일 때 괭이밥을 넣으면 색이 진하게 드나 봐.
> 현석: '봉숭아 물 들이기'를 '봉선화 물 들이기'라고 말할 수도 있어.
> 미란: 옛날 사람들은 봉숭아 물 들이기를 가을에만 할 수 있었겠구나.

(   )

8 _{적용·창의}

다음 그림을 보고 할 수 있는 말로 알맞은 것에 ○표 하세요.

(1) "백반을 넣지 않았구나."   (   )

(2) "실을 너무 느슨하게 묶었구나."   (   )

(3) "손톱 주위에 밀가루 반죽을 붙이지 않았구나."

(   )

	❶		❸	❹	
❷					
				❺	❻
❼	❽				

가로 →

❷ 서먹하거나 별로 친하지 않다고 느끼는 감정.
　예 친구와 싸워서 ○○○이 느껴져.

❸ 나이나 지위, 신분 등이 자기보다 높아서 모셔야 하는 윗사람.

❺ 주로 비나 눈이 올 때 신는, 목이 길게 올라오는 신발.

❼ 생김새 등이 흉하거나 성격 같은 것이 거칠고 사납다.

세로 ↓

❶ 풀, 나무 들을 엮어서 집이나 밭 둘레에 친 작은 담장.

❹ 고기잡이를 하는 사람들이 모여 사는 바닷가 마을.

❻ 꽃을 심기 위하여 흙을 한층 높게 하여 꾸며 놓은 꽃밭.

❽ 다른 사람과 어떤 일을 하기로 미리 정함.
　예 ○○ 시간을 지키다.

정답 및 해설 16쪽에서 확인하세요.

멋지게 보드를 타고 있는 친구의 그림자를 찾아보세요!

정답 및 해설 16쪽에서 확인하세요.

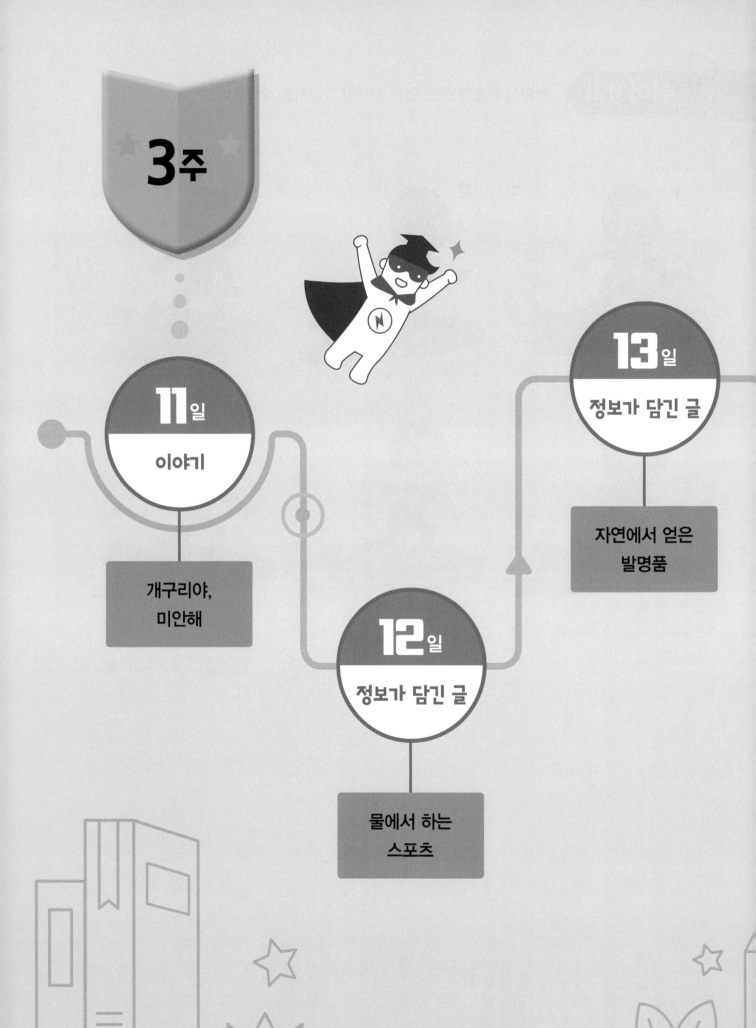

3주

11일
이야기

개구리야,
미안해

12일
정보가 담긴 글

물에서 하는
스포츠

13일
정보가 담긴 글

자연에서 얻은
발명품

15일

최상위 독해

- 먹다 남은 약
- 폐의약품 배출 방법
- 밥 한 번, 스마트폰 한 번

14일

의견이 담긴 글

"여기가
맞을 텐데‥?"

개구리야, 미안해

나는 집에 오자마자 커다란 *채집통부터 꺼냈어요. 거기에 연못 물과 돌을 넣고 연못가에서 잡은 개구리를 넣었어요. 개구리의 등은 초록색이었고, 수박처럼 검은색 무늬가 있었어요.

"찬기야, 아무리 생각해도 개구리는 살던 곳에 놔주는 게 좋을 것 같아."

"엄마, 약속대로 제가 매일 벌레를 잡아 먹일게요. 잘 키울 수 있어요."

나는 걱정하시는 엄마께 자신 있게 말씀드렸어요.

그런데 *막상 벌레를 잡을 생각을 하니 눈앞이 캄캄했어요. 파리를 잡고 싶었지만 너무 빨라서 잡지 못했어요. 살아 있는 채로 잡아야 해서 더 어려웠어요.

'그냥 놔줄까? 아니야, 너무 귀엽단 말이야.'

나는 개구리가 굶을까 봐 걱정이 되어 대신 거북이 먹이를 주었어요.

'거북이 먹이라도 먹으면 좋겠다. 그래도 대충 3일 정도는 괜찮을 거야. 주말에 공원에 가서 나비를 잡아다 줘야지.'

그렇게 며칠이 지났어요. 나는 친구들과 노는 것에 ㉠빠져 개구리는 까맣게 잊고 있었어요.

일요일 아침, 채집통 안을 들여다보니 개구리가 물속에 축 *늘어져 있었어요. 죽은 것 같았어요. 너무 놀라기도 하고 무섭기도 했어요. 나는 엄마와 함께 공원에 가서 개구리를 땅에 묻어 주었어요.

'개구리야, 미안해. 내가 욕심을 부려서 너를 죽게 만든 것 같아.'

집으로 돌아오는 길에 마음속으로 다짐했어요. 앞으로 개구리나 곤충을 잡게 되면 그곳에서 관찰한 뒤에 곧바로 놔주겠다고요.

* 채집통: 무엇을 찾거나 잡아서 모을 때 사용하는 통.
* 막상: 어떤 일에 실지로 이르러.
* 늘어져: 기운이 풀려 몸을 가누지 못하여.

1 개구리가 살던 곳은 어디였는지 쓰세요.

[내용 이해]

(   )

2 '내'가 개구리를 넣은 채집통은 어떤 모습이었을지 알맞은 것에 ○표 하세요.

[추론]

(1)

(   )

(2)

(   )

(3)

(   )

3 ㉠'빠져'의 뜻으로 알맞은 것에 ○표 하세요.

[어휘·표현]

(1) 박힌 물건이 제자리에서 나와.   (   )

(2) 때, 빛깔 따위가 씻기거나 없어져.   (   )

(3) 무엇에 정신이 아주 쏠리어 헤어나지 못하여.   (   )

4 일이 일어난 차례대로 정리하려고 합니다. 빈칸에 알맞은 내용을 쓰세요.

[짜임]

> 개구리를 잡아 와 채집통에 넣어 주었다. → 개구리 먹이를 잡을 수 없어서 대신
>
> 거북이 먹이를 주었다. → [ ][ ][ ]가 죽어서 [ ][ ]에 가서
>
> 땅에 묻어 주었다.

5 개구리가 죽었을 때 '나'의 마음으로 알맞지 <u>않은</u> 것은 무엇인가요? ( )

추론

① 개구리가 불쌍하다.
② 개구리에게 미안하다.
③ 엄마가 부럽고 고맙다.
④ 개구리가 죽어서 슬프고 속상하다.
⑤ 개구리를 놔주지 않은 것이 후회된다.

6 이 글에서 얻을 수 있는 교훈을 알맞게 말한 친구는 누구인지 쓰세요.

감상

> 연미: 마음먹은 일은 끝까지 해야지. 중간에 그만두면 안 돼.
> 재현: 자연 속에서 살고 있는 동물을 함부로 잡아 오지 말아야 해.
> 빛나: 부모님도 가끔씩 틀린 말을 하실 때가 있어. 그러니까 부모님 말씀을 꼭 들
> 을 필요는 없어.

( )

7 이 글을 연극으로 꾸밀 때, 다음 엄마의 말은 어떻게 말하는 것이 어울릴지 알맞은 것
에 ○표 하세요.

적용·창의

> "찬기야, 아무리 생각해도 개구리는 살던 곳에 놔주는 게 좋을 것 같아."

(1) 눈을 크게 뜨고 놀란 듯이 말한다. ( )
(2) 찬기를 바라보며 걱정스러운 표정으로 말한다. ( )
(3) 찡그리는 얼굴로 찬기의 머리를 쓰다듬으며 말한다. ( )

어휘력 강화

낱말의 뜻

1 빈칸에 알맞은 낱말을 ○보기○에서 찾아 쓰세요.

> ○ 보기 ○
>
> 축   막상   대충

(1) 주머니에 구슬을 가득 넣었더니 밑으로 (   ) 처졌다.

(2) 한 시간 동안 청소를 했더니 지저분했던 방이 (   ) 정리되었다.

(3) 민영이와 싸워서 다시는 놀지 않으려고 했는데 (   ) 같이 놀 친구가 없다.

부정 표현

2 다음 문장에 알맞은 낱말을 (   ) 안에서 골라 ○표 하세요.

> 체육 대회에서 우리 팀이 승리하지 못했지만, 우리 반 친구들과 선생님은 실망하지 (못했어요, 않았어요).

관용어

3 빈칸에 들어갈 관용어로 알맞은 것에 ○표 하세요.

> 내일이 개학인데 방학 숙제를 다 하지 못해서 ▨▨▨▨.

(1) 눈앞이 캄캄하다 → 어찌할 바를 몰라 정신이 흐려진다는 뜻.   (   )

(2) 입에 침이 마르다 → 다른 사람이나 물건에 대하여 거듭해서 말한다는 뜻. (   )

(3) 손꼽아 기다리다 → 기대에 차 있거나 안타까운 마음으로 날짜를 꼽으며 기다린다는 뜻.   (   )

물에서 하는 스포츠

1 물에서 하는 스포츠에는 무엇이 있을까요? 아마 대부분의 친구들이 수영을 떠올릴 거예요. 그런데 수영 말고도 물에서 하는 스포츠의 종류는 많아요. 무엇이 있는지 한번 알아볼까요?

2 싱크로나이즈드 스위밍은 물에서 춤을 추는 스포츠예요. 혼자 혹은 여럿이 짝을 지어 음악에 맞춰 헤엄치면서 춤을 춰요. 정확하고 아름다운 동작을 해야 심판에게 높은 점수를 받을 수 있어요.

3 다이빙은 물 위 높은 곳에 설치된 *다이빙대에서 물속으로 뛰어내리는 스포츠예요. 공중에서 돌거나 몸을 뒤틀면서 물속으로 뛰어들어야 해요. 어려운 기술을 정확하게 해내고, ㉠몸이 물에 닿을 때 물이 적게 튀어야 심판에게 높은 점수를 받아요.

4 수구는 물속에서 공을 가지고 하는 스포츠예요. 각각 일곱 명으로 이루어진 두 팀이 상대방 골에 공을 넣어 *승부를 겨뤄요. 골키퍼를 피해 손으로 공을 넣어야 하는데, 공을 넣으면 1점을 얻어요. 8분씩 네 번으로 나누어 경기를 하고, 정해진 시간 동안 공을 많이 넣는 팀이 이겨요.

5 이 밖에도 물에서 하는 스포츠의 종류는 다양해요. ㉡마라톤은 땅에서 하는 스포츠예요. 무더운 날씨에 땀을 많이 흘리는 스포츠가 싫다면, 물에서 하는 스포츠에 도전해 보는 건 어떨까요?

▲ 싱크로나이즈드 스위밍

▲ 다이빙

▲ 수구

*다이빙대: 다이빙을 하기 위하여 나무 따위로 만든 일정한 높이의 대.
*승부: 이김과 짐.

1
주제

이 글을 읽고 무엇을 알 수 있는지 빈칸에 알맞은 말을 쓰세요.

☐ 에서 하는 스포츠의 ☐☐

2
내용 이해

싱크로나이즈드 스위밍과 다이빙의 공통점은 무엇인가요? (   )

① 공이 필요하다.　　　　　　② 음악이 필요하다.
③ 심판이 점수를 매긴다.　　　④ 높은 곳에서 뛰어내린다.
⑤ 세 명씩 짝을 지어 헤엄친다.

3
어휘·표현

㉠을 다른 말로 알맞게 바꾼 것은 무엇인가요? (   )

① 물속에 있을 때　　　　　　② 경기가 끝날 때
③ 기술을 해낼 때　　　　　　④ 물속으로 들어갈 때
⑤ 다이빙대에 서 있을 때

4
추론

다음 다이빙 선수 중에서 더 높은 점수를 받는 사람은 누구일지 ○표 하세요.

(1)
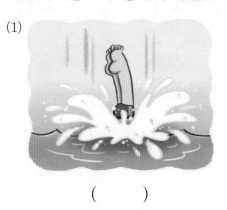
(   )

(2)

(   )

5 내용 이해 수구를 하는 방법으로 알맞지 <u>않은</u> 것은 무엇인가요? (　　　)

① 8분 동안 한 번만 경기를 한다.

② 공을 넣을 때마다 1점을 얻는다.

③ 물속에서 일곱 명씩 두 팀으로 나누어 한다.

④ 손으로 공을 넣는데, 골키퍼가 막을 수도 있다.

⑤ 정해진 시간 동안 공을 많이 넣는 팀이 이긴다.

6 비판 ⓛ에 대하여 알맞게 말한 친구는 누구인지 쓰세요.

> 주혁: 물에서 하는 스포츠뿐만 아니라, 땅에서 하는 스포츠의 종류도 알려 주어서
>   좋아.
> 예지: 물에서 하는 스포츠에 대하여 설명하다가 갑자기 땅에서 하는 마라톤을 설
>   명해서 어색해.

(　　　　　　　　　　)

7 적용·창의 수구를 '물속의 ○○○'이라고 부르기도 합니다. 다음 경기 장면을 보고 ○○○에 어떤 스포츠의 이름이 들어가야 알맞을지 쓰세요.

▲ 레슬링

▲ 핸드볼

▲ 테니스

물속의 ☐☐☐

낱말의 뜻

1 다음 문장에 알맞은 낱말을 ( ) 안에서 골라 ◯표 하세요.

(1) 잠자리가 (공동, 공중)에 떠 있다.

(2) 학교 앞에 신호등을 (설치, 설득)해 주세요.

(3) (승리, 승부)가 나지 않아서 내일 다시 경기를 하기로 했다.

조사

2 다음 ( ) 안에서 알맞은 말을 골라 ◯표 하세요.

(1) 짝꿍(은, 을) 숙제를 하느라 바빴다.

(2) 친구와 머리를 맞대고 수수께끼(를, 가) 풀었다.

속담

3 수구 경기를 앞두고 두 팀의 선수들이 나눈 대화입니다. 빈칸에 들어갈 속담으로 알맞은 것에 ◯표 하세요.

> 백팀 선수: 우리 팀이 작년에 이겼으니까 올해도 이길 거야.
>
> 청팀 선수: 고 했어.

(1) 길고 짧은 것은 대어 보아야 안다 → 잘하고 못하는 것은 실제로 겨루어 보아야 확실히 알 수 있다는 뜻.   (   )

(2) 바늘 도둑이 소도둑 된다 → 자그마한 나쁜 일도 자꾸 하면 버릇이 되어 나중에는 큰 잘못을 저지르게 된다는 뜻.   (   )

1 우리가 살고 있는 자연에는 여러 가지 비밀이 숨어 있어요. 과학자들은 이런 비밀을 밝혀서 사람들에게 필요한 발명품을 만들기도 해요.

2 거미가 뽑아낸 거미줄은 얇고 가볍지만 쉽게 끊어지지 않아요. 과학자들은 거미줄의 ㉠이런 성질을 이용해서 상처를 꿰매는 실을 만들었어요. 이 실은 몸속에서 저절로 녹기 때문에 나중에 실을 뺄 필요가 없어요.

3 홍합의 몸에서는 ㉮*초강력 접착제가 나와요. 그래서 세찬 바람이 불거나 거친 파도가 쳐도 바닷가 바위에 단단히 붙어 있지요. 과학자들은 홍합의 접착제에 들어 있는 성분을 이용해서 한번 붙으면 잘 떨어지지 않는 풀을 만들었어요. 이 풀을 이용해서 실 없이 상처를 붙일 수도 있어요.

4 연꽃의 잎에는 작은 *돌기들이 있어서 물이 떨어져도 젖지 않고 물방울로 뭉쳐 떨어져요. 이때 먼지도 밀어내기 때문에 항상 깨끗함을 유지하지요. 과학자들은 ㉡이런 성질을 이용해서 *방수 페인트를 만들었어요. 건물이나 자동차에 이 페인트를 칠하면 (㉢)

5 이렇게 우리의 삶을 편리하게 해 준 발명품에는 자연을 보고 만든 것들이 많아요. 여러분도 자연을 잘 관찰하다 보면 또 다른 발명품을 만들 수 있을 거예요.

* 초강력: 보통을 훨씬 넘을 정도로 힘이나 영향이 강함.
* 돌기: 뽀족하게 내밀거나 도드라짐. 또는 그런 부분.
* 방수: 스며들거나 새거나 넘쳐흐르는 물을 막음.

1

주제

이 글에서 중요한 낱말을 두 가지 찾아 ○표 하세요.

우리   자연   성분   발명품

2

내용 이해

㉠과 ㉡은 각각 어떤 성질을 말하는지 알맞은 것에 ○표 하세요.

(1) ㉠
- ㉮ 시간이 지나면 저절로 녹는 성질   (   )
- ㉯ 얇고 가볍지만 쉽게 끊어지지 않는 성질   (   )

(2) ㉡
- ㉮ 잎에 물이 잘 떨어지지 않는 성질   (   )
- ㉯ 잎에 떨어진 물이 물방울로 뭉쳐 떨어지면서 먼지도 밀어내는 성질
          (   )

3

내용 이해

홍합을 보고 만든 풀 덕분에 어떤 점이 편리해졌는지 알맞은 것에 ○표 하세요.

(1) 상처가 잘 나지 않게 되었다.   (   )

(2) 흔적 없이 물건을 붙였다 뗄 수 있게 되었다.   (   )

(3) 상처가 났을 때 실로 꿰매지 않고 붙일 수 있게 되었다.   (   )

4

어휘·표현

밑줄 친 부분이 ㉮'초강력'에 쓰인 '초'와 같은 뜻으로 쓰인 것에 ○표 하세요.

초저녁   초고속   초겨울

5

추론

©에 들어갈 말로 알맞은 것은 무엇인가요? (   )

① 예뻐 보여요.   ② 눈에 띄어요.

③ 물을 잘 흡수해요.   ④ 작은 돌기가 생겨요.

⑤ 쉽게 더러워지지 않아요.

6

짜임

이 글의 내용을 간추린 것입니다. 빈칸에 알맞은 말을 쓰세요.

> 자연을 보고 만든 발명품들이 많이 있다.

(1) ☐☐☐ 을 보고 상처를 꿰매는 실을 만들었다.

(2) 홍합을 보고 상처를 붙이는 ☐ 을 만들었다.

(3) 연꽃의 잎을 보고 ☐☐ 페인트를 만들었다.

7

적용·창의

이 글에서 설명한 내용과 비슷한 예를 더 찾아보았습니다. 알맞지 <u>않은</u> 것의 기호를 쓰세요.

> ㉮ 사마귀의 생김새를 자세히 관찰하고 색종이로 사마귀 접는 방법을 몇 가지 만들어 냈다.
>
> ㉯ 상어는 비늘에 작은 돌기가 있어 빠르게 헤엄친다는 것을 알고, 상어의 비늘을 본뜬 전신 수영복을 만들었다.
>
> ㉰ 오리가 발가락 사이에 있는 물갈퀴를 이용하여 물을 힘차게 밀어내 앞으로 나아가는 것을 보고 오리발을 만들었다.

(   )

어휘력 강화

1 다음 낱말의 뜻을 찾아 선으로 이으세요.

(1) 방수 •

(2) 돌기 •

(3) 접착제 •

• ㉮ 뾰족하게 겉으로 도드라진 것.

• ㉯ 물이 스며들거나 새지 못하게 막는 일.

• ㉰ 두 물체를 서로 붙이는 데 쓰는 물질.

이어 주는 말

2 다음 문장을 읽고 ( ) 안에서 알맞은 말을 골라 ○표 하세요.

홍합은 세찬 바람이 불거나 거친 파도가 쳐도 바닷가 바위에 단단히 붙어 있어요. (그리고, 왜냐하면) 홍합의 몸에서 초강력 접착제가 나오기 때문이에요.

관용어

3 빈칸에 들어갈 관용어로 알맞은 것에 ○표 하세요.

어머니께서는 용돈을 함부로 쓰는 동생에게 돈을 ▨▨▨▨▨ 안 된다고 말씀하셨다.

(1) 물 쓰듯 하면 → 사람이 돈이나 물건을 마구 헤프게 쓴다는 뜻.　　　　　(　)

(2) 물불을 가리지 않으면 → 어떠한 어려움이나 위험이 있어도 신경 쓰지 않고 행동하거나 일을 밀고 나간다는 뜻.　　　　　(　)

DAY

14

실전
독해

"여기가 ㉠맞을 텐데..?"

우리의 편한 삶을 위해 *벌목되고 ㉡   나무들로 인해
어떤 동식물들은 그들의 *보금자리를 잃습니다.
이제는 우리가 그들의 자리를 지켜 줄 때입니다.

kobaco
공익광고협의회

*벌목: 숲의 나무를 베어 내는 것.
*보금자리: 지내기에 매우 포근하고 아늑한 곳을 빗대어 이르는 말.

1

짜임

이 광고에 대하여 바르게 말한 것의 기호를 쓰세요.

> ㉮ 흉내 내는 말을 넣어 생각을 재미있게 전달하였다.
>
> ㉯ 전하려는 내용을 잘 전달하기 위해서 그림을 활용하였다.
>
> ㉰ 반복되는 말을 넣어 글을 노래하듯이 읽을 수 있게 하였다.

(   )

2

내용 이해

그림에서 사슴벌레는 무엇을 하고 있는지 쓰세요.

(   )

3

어휘·표현

밑줄 친 말이 ㉠에 쓰인 '맞다'와 같은 뜻으로 쓰인 것에 ○표 하세요.

(1) 어머니께 손바닥을 <u>맞아서</u> 속상하다.   (   )

(2) 그 아이가 우리 반 친구가 <u>맞는지</u> 잘 모르겠다.   (   )

4

추론

㉡에 들어갈 말로 알맞은 것은 무엇인가요? (   )

① 연결되는   ② 걱정되는

③ 낭비되는   ④ 준비되는

⑤ 저장되는

5 주제 이 광고에 담긴 생각은 무엇인가요? (　　　)

① 벌목하지 말자.
② 곤충을 잡지 말자.
③ 집을 소중히 여기자.
④ 가족과 함께 행복하게 살자.
⑤ 집을 잃어버리지 않도록 주의하자.

6 비판 다음은 이 광고를 보고 나서 친구들이 나눈 대화입니다. 어울리지 <u>않는</u> 내용을 말한 친구는 누구인지 쓰세요.

> 유정: 보금자리를 잃는 곤충들이 있다니 너무 안타까워.
> 태준: 맞아. 사람이 편리하려고 다른 동물을 힘들게 하면 안 돼.
> 의찬: 그런데 말이 통하지 않는 동물을 보살피는 일도 참 힘들어.

(　　　　　　)

7 적용·창의 이 광고에 담겨 있는 생각을 표어로 알맞게 나타낸 것에 ○표 하세요.

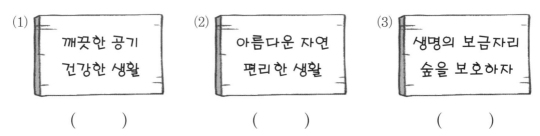

(1) 깨끗한 공기 건강한 생활 (　　)

(2) 아름다운 자연 편리한 생활 (　　)

(3) 생명의 보금자리 숲을 보호하자 (　　)

어휘력 강화

1 다음 문장에 알맞은 낱말을 ( ) 안에서 골라 ○표 하세요.

⑴ 누구나 행복한 (삶, 삼)을 살기를 원한다.

⑵ 이곳이 바로 우리 가족의 소중한 (가장자리, 보금자리)이다.

⑶ 나무를 심지는 않고 (벌목, 벌칙)만 계속하다가는 숲이 모조리 사라질 것이다.

2 띄어쓰기 ∨표시가 올바른 것의 기호를 쓰세요.

> ㉮ 호랑나비∨가꽃에∨사뿐히∨앉았다.
> ㉯ 선생님의∨부드러운∨목소리가∨들린다.
> ㉰ 우리가∨그들의∨자리∨를∨지켜야∨한다.

(   )

3 다음은 이 광고를 보고 나서 사람들이 말한 내용입니다. 빈칸에 들어갈 사자성어로 알맞은 것에 ○표 하세요.

> 그동안 사람들이 자연을 보호하지 않아서 환경 오염이 심각해졌고, 날씨도 이상하게 변하고 있어.   이라고 할 수 있지.

⑴ 일거양득(一擧兩得) → 한 가지 일을 하여 두 가지 이익을 얻는다는 뜻. (   )

⑵ 자업자득(自業自得) → 자기가 저지른 일의 결과를 자기가 받는다는 뜻. (   )

● 지문의 난이도
상 중 하

● 문제의 난이도
상 중 하

가

"이제 약을 그만 먹어도 되겠다."

엄마의 말씀에 나는 기분이 좋아졌어요. 그동안 엄청 쓴 약을 먹느라 무척 힘들었거든요.

엄마는 ㉠먹고 남은 물약을 싱크대에 버리려고 하셨어요. 나는 그 모습을 보고 엄마께 소리쳤어요.

"엄마, 잠깐만요! 약을 함부로 버리면 안 돼요."

"왜?"

"약을 함부로 버리면 땅과 물이 오염된대요. 먹다 남은 약을 버리는 방법이 있던데……."

엄마는 버리려던 약을 다시 내려놓고 말씀하셨어요.

"약을 어떻게 버려야 하는지 알아봐야겠다."

나 *폐의약품 *배출 방법

폐의약품은 약국, 보건소, 주민센터 등에 설치된 *수거함에 버려야 합니다. 방법은 아래와 같습니다.

1. 가루약은 포장지를 뜯지 말고 그대로 모아서 버립니다.
2. 알약은 포장된 비닐이나 종이 등을 제거하고 *밀폐되는 비닐에 모아서 버립니다.
3. 물약은 새지 않도록 한 병에 모아서 버립니다.
4. 연고 등 특수 *용기에 담겨 있는 약은 용기 그대로 버립니다.

※ 모든 *포장재는 분류 배출 방법에 따라 버려야 합니다.

낱말 뜻

*폐의약품: 병을 치료하는 데 쓰는 약품 중에서 못 쓰게 되어서 버리는 것.
*배출: 안에서 밖으로 밀어 내보냄.
*수거함: 거두어 갈 것을 모으는 상자.
*밀폐되는: 샐 틈이 없이 꼭 막히거나 닫히는.
*용기: 물건을 담는 그릇.
*포장재: 공업 제품이나 농산물 따위를 포장하는 데 쓰는 재료.

1

내용 이해

글 **가**의 엄마가 글 **나**를 찾아 읽었다면, 글 **나**를 읽은 목적은 무엇인지 알맞은 것에 ○표 하세요.

소식을 전하려고   정보를 얻으려고   감동을 받으려고

2

추론

글 **나**와 같이 폐의약품의 배출 방법을 정해 놓은 까닭은 무엇일지 글 **가**에서 찾아 쓰세요.

(   )

3

어휘·표현

밑줄 친 말이 ㉠에 쓰인 '먹다'와 같은 뜻으로 쓰인 것에 ○표 하세요.

(1) 나에게는 네 살 먹은 동생이 있다.   (   )

(2) 오랜만에 가족이 모두 모여 밥을 먹었다.   (   )

(3) 아빠는 마음을 독하게 먹고 다이어트를 하였다.   (   )

4

적용·창의

다음 폐의약품의 배출 방법으로 옳지 <u>않은</u> 것에 ×표 하세요.

(1) 해열제와 설사약은 새지 않도록 한 병에 모아서 버린다.   (   )

(2) 상처에 바르는 연고는 용기 속 내용물만 따로 모아서 버린다.   (   )

(3) 소화제와 감기약은 포장된 비닐이나 종이 등을 제거하고 밀폐되는 비닐에 모아서
버린다.   (   )

밥 한 번, 스마트폰 한 번

가족과의 식사 시간, 친구와의 대화 시간
사랑하는 사람을 앞에 두고
스마트폰에 *시선을 빼앗긴 사람들
당신도 스마트폰을 보고 있지는 않나요?
스마트폰 사용량 전 세계 1위 대한민국

스마트폰 사용만큼은 *구두쇠가 되어도 좋습니다.

kobaco
공익광고협의회

▶ 낱말 뜻

*시선: 주의 또는 관심을 비
유적으로 이르는 말.
*구두쇠: 돈이나 물건을 지
나치게 아끼는 사람.

5 이 광고에 담긴 생각은 무엇인지 빈칸에 알맞은 말을 쓰세요.

주제

<table>
<tr><td></td><td></td><td></td><td></td></tr>
</table>

사용을 줄이자.

6 이 광고를 보고 알 수 있는 사실로 알맞은 것에 ○표 하세요.

내용 이해

(1) 우리나라가 전 세계에서 스마트폰을 가장 많이 사용한다.   (   )

(2) 우리나라가 전 세계에서 가장 먼저 스마트폰을 사용했다.   (   )

(3) 우리나라가 전 세계에서 가족과 대화하는 시간이 가장 적다.   (   )

7 빈칸에 들어갈 세 글자의 낱말을 광고에서 찾아 쓰세요.

어휘·표현

> 지독한 〇〇〇라고 소문난 할아버지가 큰돈을 내놓자 마을 사람들이 깜짝 놀랐다.

(   )

8 이 광고를 보고 나서 친구들이 자신의 생각을 말했습니다. 빈칸에 알맞은 내용을 ○보기○에서 찾아 기호를 쓰세요.

비판

> ○보기○
> ㉮ 스마트폰 사용을 줄여야 할 것 같아.
> ㉯ 스마트폰을 많이 사용할 수밖에 없어.

(1) 나영: 요즘에는 스마트폰으로 할 수 있는 일이 많아. 그래서 (   )

(2) 미란: 버스나 지하철에서 대부분의 사람들은 스마트폰을 보고 있어. 우리나라 사람들이 스마트폰을 너무 많이 사용하기는 해. 그래서 (   )

한 주 동안 배운 낱말을 떠올리며 다음 문제를 풀어 보세요.

❶	❷			❸	
			❹	❺	
❻					
❼					

가로 →

❶ 몸을 단련하거나 건강을 위해 규칙에 따라 몸을 움직이거나 도구를 사용하여 겨루는 일. ⓑ 운동 경기.

❸ 하늘과 땅 사이의 빈 공간.

❹ 거두어 갈 것을 모으는 상자.
　ⓔ 의류 ○○○에 헌옷을 넣었다.

❼ 빠져나갈 틈이 없이 꼭 막거나 닫음.
　ⓔ 음식물이 새지 않도록 ○○ 용기에 담아 두었다.

세로 ↓

❷ 공업 제품이나 농산물 따위를 포장하는 데 쓰는 재료.
　ⓔ 재활용이 되지 않는 플라스틱 ○○○가 많아져서 문제가 되고 있다.

❸ 사람들이 놀고 쉴 수 있도록 풀밭, 나무, 꽃 등을 가꾸어 놓은 넓은 장소.

❺ 거미가 몸에서 뽑아낸 가는 줄. 또는 그 줄로 친 그물.

❻ 숨기고 있어 남이 모르는 일.

정답 및 해설 16쪽에서 확인하세요.

정답 및 해설 16쪽에서 확인하세요.

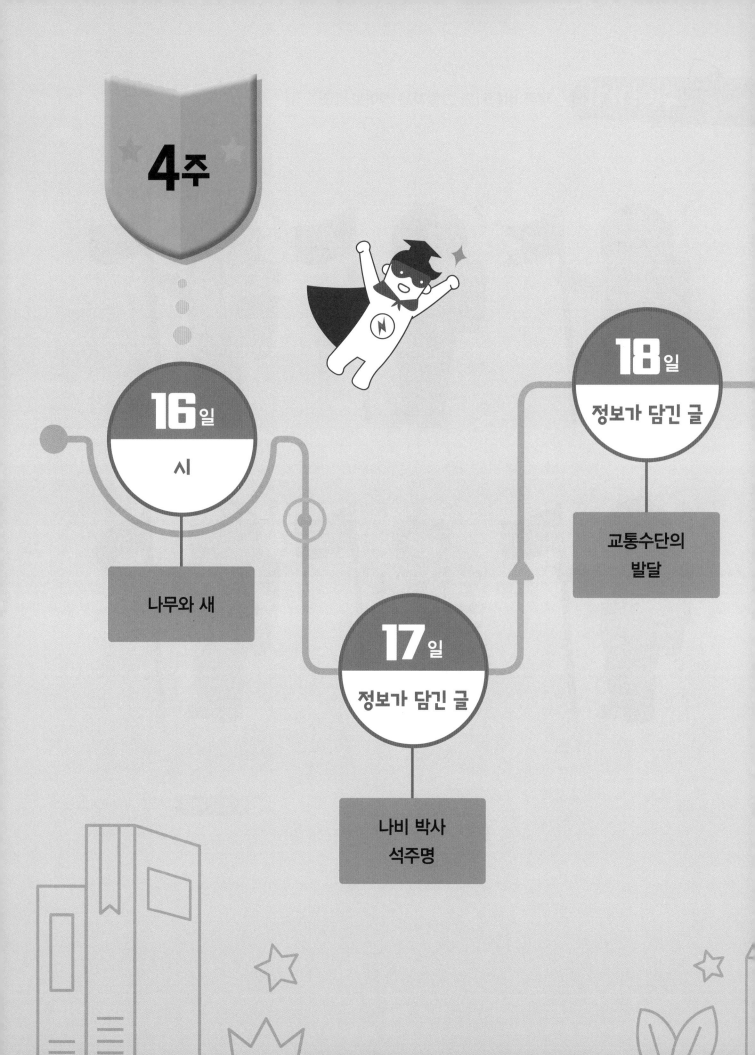

4주

16일
시

나무와 새

17일
정보가 담긴 글

나비 박사
석주명

18일
정보가 담긴 글

교통수단의
발달

20일

최상위 독해

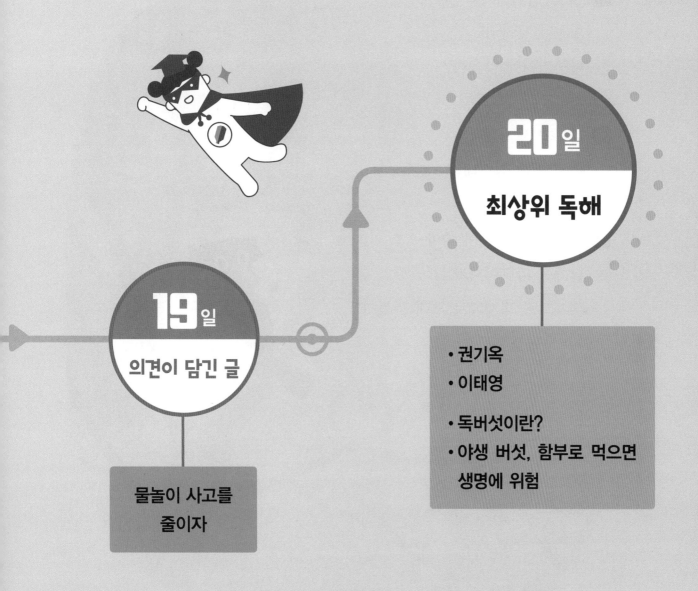

- 권기옥
- 이태영

- 독버섯이란?
- 야생 버섯, 함부로 먹으면
  생명에 위험

19일

의견이 담긴 글

물놀이 사고를
줄이자

실전 독해

이상문

1 나무가 무슨 말로
  새를 불렀길래

2 새 한 마리가
  힘차게 날아와
  나뭇가지에 앉을까?

3 나무가 새에게
  어떻게 해 줬길래

4 새가 저리 기분이 좋아
  날개를 *파닥이다가
  짹재그르 짹재그르 노래 부를까?

*파닥이다가: 작은 새가 가볍고 빠르게 날개를 치다가.

1 주제

이 시의 제목으로 알맞은 것은 무엇인가요? (   )

① 소나무   ② 나뭇가지

③ 가을 하늘   ④ 나무와 새

⑤ 새의 날개

2 추론

말하는 이는 어떤 장면을 보고 이 시를 썼을지 알맞은 것의 기호를 쓰세요.

> ㉮ 새가 나무에 둥지를 만드는 모습
>
> ㉯ 새가 날아와 나무에 앉아 지저귀는 모습
>
> ㉰ 어미 새가 아기 새에게 먹이를 주는 모습

(   )

3 내용 이해

말하는 이는 새가 왜 나뭇가지에 앉았다고 생각하는지 쓰세요.

(   )

4 짜임

1~**4**를 내용에 따라 두 부분으로 나눌 때 어떻게 나눌 수 있는지 번호를 쓰세요.

(   ) / (   )

5 **추론**

이 시와 어울리는 느낌은 무엇인가요? (   )

① 슬프다.   ② 긴장된다.   ③ 다정하다.

④ 부끄럽다.   ⑤ 시끄럽다.

6 **감상**

이 시를 읽고 생각이나 느낌을 알맞게 말한 친구는 누구인지 쓰세요.

> 윤서: 비바람이 세차게 몰아치는 날의 숲속 풍경이 떠올라.
>
> 범준: 나무는 새가 자신을 아프게 할까 봐 무서웠을 것 같아.
>
> 나리: '짹재그르 짹재그르'를 읽을 때에는 새가 진짜 노래하는 느낌이 들어서 재미
> 있어.

(   )

7 **적용·창의**

시에 나오는 나무가 새에게 했을 말과 행동을 알맞게 상상하지 <u>못한</u> 친구를 찾아 ×표
하세요.

(1) 나무는 새에게 잠시 쉬었다 가라고 말했을 것 같아.

(2) 나무가 새에게 조용히 쉬고 싶다고 말했을 것 같아.

(3) 나무가 나뭇가지를 살살 흔들어 주어서 새가 재미있어했을 것 같아.

(   )   (   )   (   )

1 낱말의 뜻

다음 문장에 알맞은 낱말을 ( ) 안에서 골라 ○표 하세요.

⑴ 동생이 멀리서 손짓을 하며 나를 (불렀다, 불었다).

⑵ 작은 새 한 마리가 날개를 (속닥이며, 파닥이며) 앉아 있었다.

⑶ 나는 집에 빨리 가고 싶어서 자전거 페달을 (알차게, 힘차게) 밟았다.

2 포함하는 말

'사과'를 포함하는 낱말은 '과일'이고, '양파'를 포함하는 낱말은 '채소'입니다. 다음 낱말을 포함하는 낱말에 ○표 하세요.

소나무   은행나무   자작나무

(꽃, 나무, 열매)

3 속담

다음은 이 시를 읽고 짐작한 것을 말한 내용입니다. 빈칸에 들어갈 속담으로 알맞은 것에 ○표 하세요.

시에 나오는 나무한테는 앞으로 더 많은 새들이 놀러 올 것 같아. 그래서 나무는 심심하지 않고 행복할 거야. 나무를 보니 "   ."라는 속담이 떠올라.

⑴ 믿는 도끼에 발등 찍힌다 → 믿고 있던 사람이 배신하여 오히려 피해를 입는다는 뜻.   (   )

⑵ 물이 깊어야 고기가 모인다 → 물이 깊어야 고기가 많이 모인다는 말로, 덕이 높고 마음이 넓어야 사람들이 따른다는 뜻.   (   )

나비 박사 석주명

석주명은 1908년 평양에서 태어났어요. 어렸을 때부터 동물을 좋아했지요. 석주명은 송도 고등 보통학교에 다닐 때 ㉠교장 선생님의 말씀을 듣고 *낙농업을 연구해 농민들을 잘살게 해 주고 싶었어요. 그래서 일본의 유명 농업 대학 *축산과에 입학했지만, 재미없는 강의에 실망해서 *박물과로 옮겼어요. 『졸업을 앞두고 무엇을 해야 할지 고민하는 석주명에게 선생님 한 분이 이렇게 말했어요.

"자네는 조선 사람이니 조선의 나비에 대해 연구해 보게. 딱 10년 만 매달리면 틀림없이 세계적인 나비 박사가 될 걸세."

석주명은 우리 나비를 연구하면 우리 땅과 날씨, 농작물도 알 수 있으니 우리 민족에게 도움이 될 거라고 생각했어요. 그래서 나비를 연구해야겠다고 결심했어요.』

고향으로 돌아온 석주명은 나비 연구에 매달렸어요. 일본 학자들이 우리 나비에 제멋대로 갖다 붙인 이름을 정리했지요. 석주명은 잘못 붙여진 이름이 매우 많다는 것을 밝혀냈고, 이를 *바로잡으며 우리 나비에게 예쁜 우리 이름을 붙여 주었어요.

1938년, 마침내 10년간의 나비 연구를 정리할 수 있는 기회가 찾아왔어요. 영국 왕립 아시아 학회가 『조선산 나비 총목록』을 써 달라고 부탁한 거예요. 석주명은 먹고 자는 시간까지 아껴 가며 책을 완성했어요.

책이 나오자, 석주명의 ㉡이름은 널리 알려졌어요. 그러나 석주명은 그런 것에는 큰 관심이 없었어요. 오로지 새로운 나비를 찾는 데만 힘을 쏟았어요.

1950년 10월, 석주명은 안타까운 사건으로 세상을 떠났어요.

* 낙농업: 젖소나 염소 등을 기르고 그 젖을 이용하는 산업.
* 축산과: 대학에서, 가축을 길러 생활에 필요한 것들을 얻는 일에 대해 공부하는 과.
* 박물과: 지금의 생물학과. 생물의 구조와 기능을 과학적으로 연구하는 학문을 공부하는 과.
* 바로잡으며: 그릇된 것을 바르게 만들거나 잘못된 것을 올바르게 고치며.

1 주제

이 글은 누구에 대한 글인지 쓰세요.

2 내용 이해

『 』부분을 읽고 알 수 있는 내용으로 알맞은 것의 기호를 쓰세요.

㉮ 석주명이 책을 쓴 과정
㉯ 석주명이 우리 나비를 연구한 과정
㉰ 석주명이 나비 연구를 하게 된 까닭

(   )

3 추론

㉠'교장 선생님의 말씀'은 어떤 내용이었을지 알맞은 것에 ○표 하세요.

(1) 축산과보다 박물과가 재미있다는 내용 (   )
(2) 일본의 유명 농업 대학에 박물과가 있다는 내용 (   )
(3) 덴마크라는 나라는 낙농업의 발달로 잘사는 나라가 되었다는 내용 (   )

4 어휘·표현

㉡의 뜻으로 알맞은 것은 무엇인가요? (   )

① 달라졌어요. ② 솔직해졌어요.
③ 유명해졌어요. ④ 힘들어졌어요.
⑤ 심심해졌어요.

2권 89

5

내용 이해

이 글의 내용으로 알맞은 것에 ○표 하세요.

(1) 석주명은 일본에서 태어나 어른이 될 때까지 살았다.   (   )

(2) 석주명은 일본 학자들이 잘못 붙인 나비 이름을 찾아 정리했다.   (   )

(3) 석주명은 일본 나비 학회의 부탁을 받고『조선산 나비 총목록』을 썼다.   (   )

6

비판

이 글을 읽고 석주명에 대해 말한 내용이 알맞지 <u>않은</u> 친구의 이름을 쓰세요.

현지: 우리 민족을 위하는 마음을 본받아야 해.

윤호: 이루고 싶은 일을 위해 노력한 모습이 인상적이야.

민서: 이름을 널리 알리는 것에만 힘쓴 것 같아 실망스러워.

(   )

7

적용·창의

다음 중 석주명과 가장 비슷한 업적을 남긴 인물은 누구인지 쓰세요.

- 라이트 형제: 세계 최초로 엔진이 달린 비행기를 만들어 하늘을 날았어요.
- 파브르: 평생 자신이 좋아하는 곤충을 관찰하고 연구해서 10권의『곤충기』를 썼어요.
- 유관순: 우리나라가 일본에 나라를 빼앗겼을 때, 나라를 되찾기 위해 만세 운동을 하다 감옥에 갇혀 고문을 당하다가 세상을 떠났어요.

(   )

어휘력 강화

낱말의 뜻

1 다음 문장에 알맞은 낱말을 ( ) 안에서 골라 ○표 하세요.

(1) 경찰이 사건의 진실을 (밝혀냈다, 물어냈다).

(2) 글을 다 쓴 다음 틀린 글자를 (사로잡았다, 바로잡았다).

(3) (낙농업, 건축업)을 하시는 삼촌은 가축의 전염병 예방에 힘쓰신다.

시간 표현

2 밑줄 친 낱말과 어울리는 낱말을 ( ) 안에서 골라 ○표 하세요.

(1) 나는 <u>내일</u> 동생과 함께 방을 (정리했다, 정리할 것이다).

(2) <u>어제</u> 친구가 나에게 줄넘기를 빌려 달라고 (부탁했다, 부탁한다).

사자성어

3 빈칸에 들어갈 사자성어로 알맞은 것에 ○표 하세요.

> 석주명은 나비 연구뿐만 아니라 제주도 사투리를 연구하고 나무 심는 일에 앞장
> 서는 등   한 학자였다.

(1) 다재다능(多才多能) → 재주와 능력이 여러 가지로 많다는 뜻.   (   )

(2) 설상가상(雪上加霜) → 난처한 일이나 불행한 일이 잇따라 일어난다는 뜻.

                                                                  (   )

교통수단의 발달

1 옛날에는 동물이나 자연의 힘을 이용한 교통수단이 많았어요. 주로 말이나 소가 끄는 수레나 물의 흐름을 이용한 뗏목이 발달했지요. 요즈음에는 좀 더 다양하고 편리한 교통수단이 많아요. 자동차, 배, 비행기처럼 *연료 장치로 움직이게 만들어진 교통수단이 발달했지요. 그러면서 우리 생활에도 많은 변화가 일어났어요.

2 먼저, 우리가 생활하는 공간이 넓어졌어요. ㉠매일 먼 곳에 있는 회사에도 다닐 수 있고, 멀리 떨어진 지역까지 물건을 실어 나를 수 있게 되었어요. 비행기를 이용해 세계 어디든 갈 수 있게 되어서 다른 나라의 문화를 배울 수도 있어요.

3 사람과 물건의 이동이 쉽고 빨라지면서 *원료를 *운반하거나 물건을 사고팔기 쉬워져 경제가 발전했어요. 또 여러 지역을 연결해 주니까 지역이 골고루 발전할 수 있는 기회도 생겼어요.

4 ㉡교통수단이 발달해서 좋은 점만 있는 것은 아니에요. 대부분의 교통수단이 석유를 이용하기 때문에 환경오염이 심해졌어요. 또 교통 *혼잡, 교통사고 등의 문제가 발생했고, ㉢운동 부족으로 사람들의 건강이 나빠지는 문제점도 생겼어요.

* 연료: 열, 빛, 기계를 움직이는 에너지를 얻으려고 태우는 물질.
* 원료: 어떤 물건을 만드는 데 들어가는 재료.
* 운반하거나: 물건 따위를 옮겨 나르거나.
* 혼잡: 여럿이 한데 뒤섞이어 어수선함.

1

주제

이 글에서 가장 중요한 내용은 무엇인지 빈칸에 알맞은 말을 쓰세요.

　　　　의 발달로 우리 생활에 많은 　　가 일어났다.

2

내용 이해

글 **1**에서 설명한 내용에 맞게 **◦보기◦**의 교통수단을 구분하여 쓰세요.

◦보기◦	배	수레	뗏목	자동차	비행기

⑴ 자연의 힘을 이용한 교통수단: (　　　　　　　)

⑵ 동물의 힘을 이용한 교통수단: (　　　　　　　)

⑶ 연료 장치로 움직이게 만들어진 교통수단: (　　　　　　　)

3

어휘·표현

㉠'매일'과 바꾸어 쓸 수 있는 말은 무엇인가요? (　　　)

① 매주　　　　　　　　　② 매년

③ 밤마다　　　　　　　　④ 날마다

⑤ 다달이

4

어휘·표현

㉡의 뜻으로 알맞은 것에 ○표 하세요.

⑴ 교통수단의 발달로 나쁜 점만 있다. 　　　　　　　　　(　　　)

⑵ 교통수단이 발달해서 나쁜 점도 있다. 　　　　　　　　(　　　)

⑶ 교통수단의 발달로 좋은 점보다 나쁜 점이 더 많다. 　　(　　　)

5 추론

ⓒ에서 사람들이 운동 부족이 된 까닭으로 알맞은 것의 기호를 쓰세요.

> ㉮ 오염된 환경에서 살아서
> ㉯ 매일 멀리까지 회사를 다녀서
> ㉰ 교통수단을 이용해 많이 걷지 않아서

(   )

6 짜임

이 글의 내용을 다음과 같이 정리하여 쓰세요.

교통수단이 발달하여 좋은 점	• 생활하는 공간이 넓어졌다. • 경제가 발전했고, (1) _____ _____
교통수단이 발달하여 나쁜 점	• 환경오염, 교통 혼잡, (2) ( ) 등의 문제가 발생했다. • 운동 부족으로 사람들의 건강이 나빠지기도 했다.

7 적용·창의

다음 낱말의 뜻을 보고, 교통수단의 발달 덕분에 생긴 말은 무엇일지 쓰세요.

> • **지구촌**: 지구 전체를 한 마을처럼 여겨 이르는 말.
> • **강산**: 강과 산이라는 뜻으로, 자연의 경치를 이르는 말.
> • **이웃사촌**: 서로 이웃에 살면서 정이 들어 사촌 형제나 다를 바 없이 가까운 이웃.

(   )

어휘력 강화

낱말의 뜻

1 다음 뜻에 알맞은 낱말을 ⊙보기⊙에서 찾아 쓰세요.

⊙ 보기 ⊙   연료   원료   혼잡

(1) 여럿이 한데 뒤섞이어 어수선함. → (   )

(2) 어떤 물건을 만드는 데 들어가는 재료. → (   )

(3) 열, 빛, 기계를 움직이는 에너지를 얻으려고 태우는 물질. → (   )

다의어

2 밑줄 친 말이 ⊙보기⊙에 쓰인 '떨어진'과 같은 뜻으로 쓰인 것에 ○표 하세요.

⊙ 보기 ⊙   멀리 떨어진 지역까지 물건을 실어 나를 수 있게 되었어요.

(1) 바닥에 떨어진 휴지를 주웠다.   (   )

(2) 집에서 조금 떨어진 곳에 병원이 있다.   (   )

관용어

3 빈칸에 들어갈 관용어로 알맞은 것에 ○표 하세요.

승은: 어려운 일이었을 텐데 너 정말 대단하다.
다훈: 내가 당연히 해야 할 일을 한 거니까 너무   마.

(1) 꼬리를 내리지 → 기가 꺾여 물러나다는 뜻.   (   )

(2) 비행기 태우지 → 남을 지나치게 칭찬하거나 높이 추어올려 주다는 뜻. (   )

물놀이 사고를 줄이자

해마다 여름철이 되면 물놀이 사고가 ㉠끊이지 않아요. 2015년부터 2019년까지 5년간 총 169명이 물놀이 사고로 사망하기도 했어요. 물놀이 사고를 줄이기 위해서는 다음과 같은 *안전 수칙을 잘 지켜야 해요.

첫째, 물놀이를 하기 전에 물놀이 용품이 안전한지 확인해야 해요. 튜브나 구명조끼에 구멍이 나 있으면 사고가 날 수 있으므로 바람이 빠지는 곳이 있는지 확인해야 해요. 또 물놀이 신발의 바닥이 너무 많이 ㉡다라 있으면 미끄러져 다칠 수 있기 때문에 잘 확인하고 신도록 해요.

둘째, 물에 들어가기 전에 준비 운동을 충분히 해야 해요. 갑자기 차가운 물에 들어가면 심장에 *무리가 올 수 있으므로 적절한 운동으로 땀을 내야 해요. 물에 들어갈 때에는 심장에서 먼 부분부터 물에 적시며 들어가는 게 좋아요.(㉢)

셋째, 물놀이는 구조대원과 안전시설이 잘 갖추어진 곳에서 규칙을 지키며 해야 해요. 물놀이를 할 때 가장 위험한 일은 자신의 수영 실력을 *자신하는 거예요. 언제든 사고가 날 수 있으므로 구조대원의 지시에 잘 따라야 하고, 물놀이 금지 구역에는 절대 들어가면 안 돼요. 몸 상태가 좋지 않거나, 몹시 배가 고플 때, 식사 *직후에는 수영을 하지 않는 게 좋아요. 또 물놀이를 하는 중에 입술이 파래지거나 몸에 소름이 돋고 피부가 당겨지는 느낌이 들 때에는 물에서 나와 수건, 담요 등으로 몸을 따뜻하게 감싸고 쉬어야 해요.(㉣)

물놀이 사고를 줄이는 방법은 어렵지 않아요. 몇 가지 안전 수칙을 잘 지켜서 재미있게 물놀이도 하고, 여름을 건강하게 보낼 수 있도록 해요.(㉤)

* 안전 수칙: 위험이 생기거나 사고가 나지 않도록 행동이나 절차에서 지켜야 할 사항을 정한 규칙.
* 무리: 정도에서 지나치게 벗어남.
* 자신하는: 어떤 일을 해낼 수 있다거나 어떤 일이 꼭 그렇게 되리라는 데 대하여 스스로 굳게 믿는.
* 직후: 어떤 일이 있고 난 바로 다음.

1

주제

글쓴이가 이 글을 통해서 하고 싶은 말은 무엇인지 빈칸에 알맞은 말을 쓰세요.

|　|　| 　 |　|　| 을 잘 지켜서 물놀이 |　|　| 를 줄이자.

2

내용 이해

물놀이를 할 때 지켜야 할 안전 수칙이 <u>아닌</u> 것을 찾아 기호를 쓰세요.

> ㉮ 준비 운동을 하고 물에 들어간다.
> ㉯ 물놀이 용품을 최대한 많이 준비한다.
> ㉰ 안전시설이 잘 갖추어진 곳에서 물놀이를 한다.
> ㉱ 구조대원의 지시와 정해진 규칙을 잘 따르며 물놀이를 한다.

(　　　　)

3

어휘·표현

㉠'끊이지 않아요.'의 뜻으로 알맞은 것은 무엇인가요? (　　)

① 가끔 일어나요. 　　　　　　② 계속 일어나요.

③ 줄어들고 있어요. 　　　　　④ 사라지고 있어요.

⑤ 일어나지 않아요.

4

어휘·표현

㉡'다라'를 맞춤법에 맞게 쓴 것을 찾아 ○표 하세요.

> 달아 　　　　　 닳아

5 추론

ⓒ~ⓜ 중 다음 내용이 들어가야 할 위치로 알맞은 곳은 어디인지 기호를 쓰세요.

> 다리, 팔, 얼굴, 가슴 순서대로 천천히 물을 적셔야 하지요.

(   )

6 비판

글쓴이의 생각과 <u>다른</u> 친구는 누구인지 쓰세요.

> 아름: 물놀이 사고를 줄이려면 당연히 안전 수칙을 지켜야 해.
> 혜성: 안전 수칙을 지켜도 사고는 일어나잖아. 물놀이를 아예 안 해야 해.
> 원우: 글쓴이가 말한 안전 수칙은 지키기 쉬운 일들이야. 모두 잘 지켰으면 좋겠어.

(   )

7 적용·창의

다음 네 명의 아이들 중에서 물놀이를 바로 해도 되는 친구의 이름을 쓰세요.

(   )

📖 어휘력 강화

[낱말의 뜻]

1 다음 문장에 알맞은 낱말을 ( ) 안에서 골라 ○표 하세요.

(1) 오늘 안에 숙제를 다 하는 것은 (무리, 무례)이다.

(2) 나는 친구와 싸운 (직후, 최후)에 바로 사과를 했다.

(3) 오빠는 이번 시험에 꼭 통과할 것이라고 (자리했다, 자신했다).

[동형어]

2 밑줄 친 '배'의 뜻에 알맞은 그림을 찾아 선으로 이으세요.

(1) <u>배</u>가 아파서 약을 먹었다. •

(2) <u>배</u>를 타고 섬에 들어갔다. •

(3) <u>배</u>가 달아서 두 개나 먹었다. •

• ㉮

• ㉯

• ㉰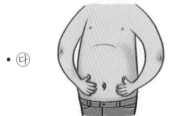

[관용어]

3 배가 몹시 고픈 상황에 어울리는 관용어에 ○표 하세요.

(1) 배꼽을 쥐다 → 몹시 우스워서 배를 움켜잡고 크게 웃는다는 뜻. ( )

(2) 배가 아프다 → 남이 잘되는 것이 심술이 나고 속이 상하다는 뜻. ( )

(3) 배가 등에 붙다 → 먹은 것이 없어 배가 홀쭉하고 몹시 허기진다는 뜻. ( )

가

『우리나라 *최초 여성 비행사, 권기옥』이라는 제목에 이끌려 책을 읽게 되었다.

권기옥은 우리나라 최초의 여성 비행사이자 *독립운동가이다. 권기옥은 어린 시절, 여자라는 이유로 학교에 겨우 다닐 수 있었고, 나라를 빼앗긴 슬픔을 겪기도 했다. 권기옥은 나라에 힘이 되는 일이 하고 싶어서 독립운동을 했다. 또 비행사가 되기 위해 중국에 있는 비행학교에 입학하려고 했지만 조선인에다가 여자라는 이유로 쉽게 들어가지 못했다. 그러나 포기하지 않고 노력하여 비행 학교에 입학했고, 남학생들보다 더 많은 노력을 하여 최초 여성 비행사가 되었다. 비행사가 된 뒤에는 나라를 위해 일본에 맞서 싸웠다.

나도 권기옥처럼 꼭 이루고 싶은 일이 생기면 쉽게 포기하지 않고 끝까지 노력해야겠다.

나

1945년 8월 15일, 우리나라가 *해방되어 이태영의 남편은 감옥에서 풀려났다. 이태영은 그토록 원하던 법률 공부를 할 수 있게 되었다.

이태영은 서른세 살의 나이에 서울대학교 법학과에 입학해서 우리나라 최초로 여자 법과 대학생이 되었다. 이후 온 힘을 다해 공부를 하고 *사법 시험을 보았지만 떨어졌다. 그러나 포기하지 않고 끝까지 노력했다.

서른아홉 살에 사법 시험에 합격한 이태영은 판사의 길을 가고자 하였다. 하지만 여성 법관을 꺼렸던 시대였기에 판사의 꿈을 접고 우리나라 최초로 여성 변호사가 되었다.

변호사가 된 뒤에는 억울한 일을 당하는 여성들을 위해 무료 법률 상담소를 운영했다. 또 여성에게 *불리한 *가족법을 고치는 데 앞장섰다.

● 지문의 난이도
상 중 하

● 문제의 난이도
상 중 하

낱말 뜻

* 최초: 맨 처음.
* 독립운동가: 일본이 우리나라를 강제로 빼앗았을 때 나라를 되찾기 위해 노력한 사람.
* 해방되어: 1945년 8월 15일에 우리나라가 일본으로부터 나라를 되찾아.
* 사법 시험: 판사, 검사, 변호사 따위가 되기 위해 보는 시험.
* 불리한: 조건이나 입장 등이 이롭지 않은.
* 가족법: 가족의 생활 관계에 대한 내용을 정해 놓은 법.

1 글 **가**와 **나** 중 다음 짜임으로 쓴 글의 기호를 쓰세요.

짜임

> 책을 읽은 까닭 − 읽은 책의 내용 − 책을 읽고 생각하거나 느낀 점

(   )

2 권기옥과 이태영에 대한 설명으로 알맞은 것은 무엇인가요? (   )

내용 이해

① 권기옥은 억울한 여자들을 위해 일했다.
② 이태영은 판사가 되어 가족법을 고쳤다.
③ 이태영은 나라의 독립을 위해 평생을 바쳤다.
④ 권기옥은 독립운동을 하기 위해 비행사의 꿈을 접었다.
⑤ 권기옥과 이태영은 각각 우리나라 여성 최초로 한 일이 있다.

3 권기옥과 이태영이 살던 시대의 모습으로 알맞은 것을 두 가지 찾아 ○표 하세요.

추론

(1) 남자와 여자를 차별하였다.   (   )
(2) 일본에 나라를 빼앗겼었다.   (   )
(3) 우리나라가 둘로 나뉘어 전쟁을 하였다.   (   )

4 권기옥과 이태영에 대한 생각을 알맞게 말한 친구의 이름을 쓰세요.

비판

> 연희: 권기옥과 이태영은 가족을 중요하게 생각했던 점이 비슷해.
> 자림: 권기옥과 이태영은 유명해지고 싶어서 다른 남성이 하지 않은 일을 한 거야.
> 도준: 권기옥과 이태영 모두 마음먹은 일을 해내기 위해 노력을 많이 했어. 그런 점이 참 대단한 것 같아.

(   )

가 독버섯이란?

우리나라에서 자라는 버섯은 1900여 종이지만, 그중에서 먹을 수 있는 버섯은 400여 종뿐이에요. 나머지는 독성분이 있거나 먹을 만한 가치가 없어요. 독성분이 들어 있어서 사람이 먹으면 *부작용을 일으키거나 죽게 하는 버섯을 독버섯이라고 해요. 흔히 독버섯은 색깔이 화려하다고 해요. 하지만 꼭 그런 것은 아니기 때문에 ㉠겉모양만 보고 판단할 수는 없어요. 또 독버섯은 세로로 잘 찢어지고 은수저에 닿으면 검은색으로 은수저가 변한다고 알려져 있지만 그렇지 않은 경우도 있으니 주의해야 해요.

▲ 노란달걀버섯(식용 버섯)

▲ 독우산광대버섯(독버섯)

나

*야생 버섯, 함부로 먹으면 생명에 위험

7월 들어 독버섯을 먹고 사망하는 사고가 잇따라 발생하고 있다. 주로 ㉡버섯에 대한 잘못된 *상식으로 *식용 버섯과 비슷한 생김새의 독버섯을 먹고 일어나는 사고다.

국립 수목원 ○○○ 연구원은 "야생 버섯은 가급적 먹지 말아야 하는데, ㉢만약 먹은 뒤에 메스꺼움, 구토 등의 증상이 발생하면 가까운 병원에 자신이 먹은 버섯을 들고 방문해야 한다."라고 말했다. 또 "*농가에서 키운 버섯만 먹는 것이 가장 안전하다."고 덧붙였다.

○○○ 기자

5
어휘·표현

㉠'겉모양'과 뜻이 비슷하여 바꾸어 쓸 수 있는 말을 글 **나**에서 찾아 쓰세요.

6
내용 이해

㉡'버섯에 대한 잘못된 상식'은 글 **가**에 나와 있습니다. 버섯에 대한 잘못된 상식에 해당하는 내용을 찾아 ○표 하세요.

(1) 독버섯을 먹으면 죽을 수도 있다. ( )

(2) 우리나라에서 자라는 버섯 중에는 독버섯도 있다. ( )

(3) 색깔이 화려하지 않으면 독버섯이 아니므로 먹어도 된다. ( )

7
추론

㉢에서 병원에 갈 때 자신이 먹은 버섯을 들고 가라고 한 까닭은 무엇일지 알맞은 것의 기호를 쓰세요.

> ㉮ 다른 사람이 그 독버섯을 먹지 않도록 해야 하므로
> ㉯ 의사가 독버섯을 먹어 보아야 치료법을 알 수 있으므로
> ㉰ 독버섯은 종류에 따라 다른 독성분이 있어서 치료법이 다르므로

( )

8
적용·창의

글 **가**와 **나**의 내용으로 보아, 안전하게 먹을 수 있는 버섯에 ○표 하세요.

(1)
세로로 찢어지지 않네.

( )

(2)
은수저가 검은색으로 변하지 않네.

( )

(3)
우리 농가에서 직접 길렀어요.

( )

❶					❷
				❸	
❹	❺		❻		
		❼			

가로 →

❶ 일정한 장비를 갖추고 위험에 처한 사람이나 물건을 구하는 조직에 속해 있는 사람.
예 119 ○○○○.

❸ 정도에서 지나치게 벗어남.
예 ○○를 했더니 몸살이 났어.

❹ 하려던 일을 도중에 그만두어 버림.
예 끝까지 ○○를 하면 안 돼.

❼ 음식으로 먹을 수 있는 버섯.

세로 ↓

❶ 먹은 음식물을 토함.

❷ 조건이나 입장 등이 이롭지 아니하다.
반 유리하다.

❺ 어떤 일을 하기에 알맞은 시기나 경우.
예 이번 ○○를 놓치지 마세요.

❻ 어떤 일에 뒤따라서 일어나는 뜻밖의 나쁜 일.
예 화장품 ○○○ 때문에 피부과에 갔다.

정답 및 해설 16쪽에서 확인하세요.

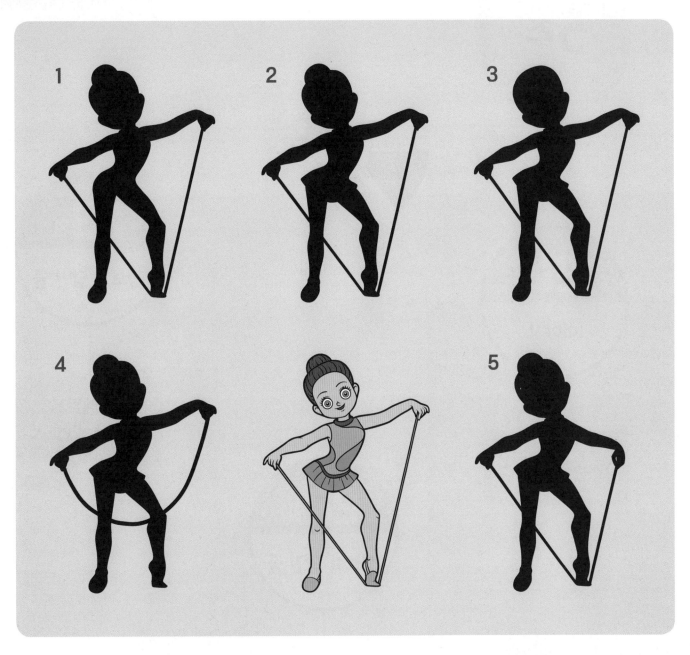

정답 및 해설 16쪽에서 확인하세요.

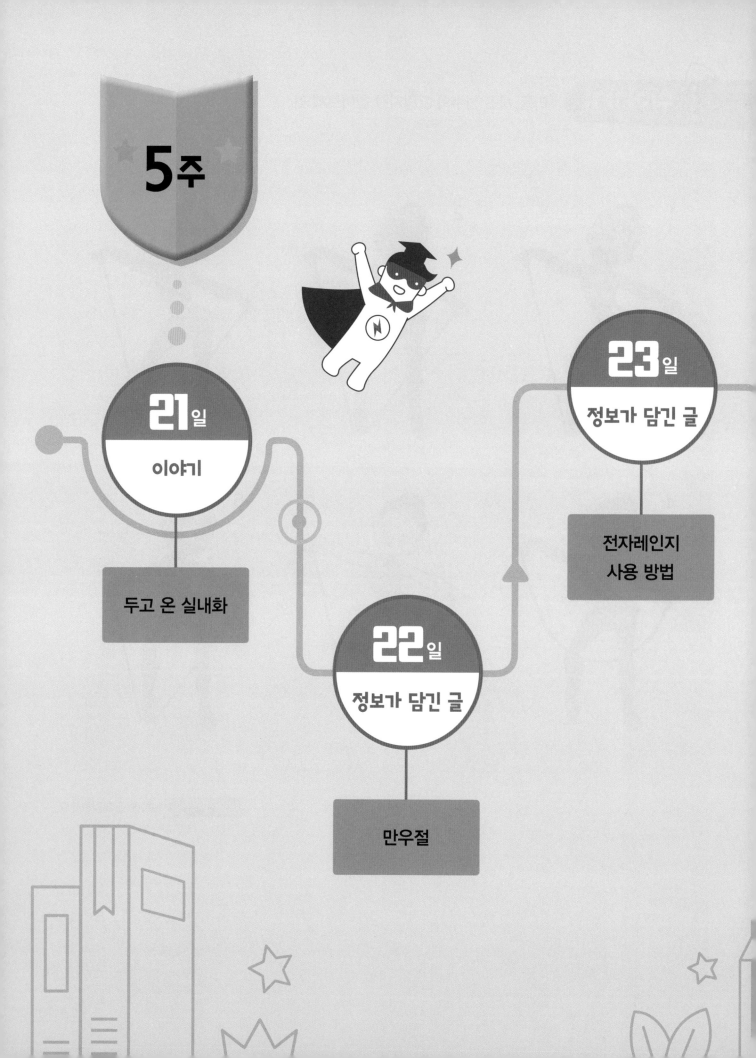

5주

21일
이야기

두고 온 실내화

22일
정보가 담긴 글

만우절

23일
정보가 담긴 글

전자레인지
사용 방법

25일

최상위 독해

- '꾸리찌바'를 다녀와서
- 생태 도시

- 과자 그만 먹어
- 군것질을 너무 많이 하지 말자

24일

의견이 담긴 글

아침 운동
시간을 만들어
주세요

두고 온 실내화

"으악, 어떡해! 어쩐지 손이 허전하더라."

교문을 들어서던 해영이가 깜짝 놀라 소리를 질렀어요. 실내화를 깜빡하고 집에 두고 온 걸 깨달았거든요.

'집에 갔다 올 시간이 없는데……. 어쩌지?'

고민에 빠진 해영이를 보고 같은 반 재윤이가 지나가며 어깨를 툭 쳤지요.

"해영아, 왜 그래?"

"어? 그, 그게……. 아무것도 아냐."

㉠해영이가 당황하며 우물쭈물하자 재윤이는 해영이를 *힐끔 쳐다보더니 그냥 지나쳐 갔어요.

'힝, 이럴 때 아는 체하는 애가 왜 하필 재윤이람. 그때 놀리지 말걸.'

어제 재윤이가 실내화를 가져오지 않았을 때 해영이는 "으악, 재윤이 양말 좀 봐! 시커먼 게 꼭 까마귀 같아!" 하며 신나게 놀려 댔답니다.

*출입문 앞에서 아이들은 실내화로 갈아 신고 서둘러 교실로 들어갔어요. 하지만 해영이는 운동화를 벗어 든 채 발가락만 *꼼지락거리고 서 있었지요.

바로 그때, 교실로 들어간 줄 알았던 재윤이가 해영이를 향해 걸어왔어요.

"야, 이해영! 너 이거 신어. 손님용 슬리퍼인데 담임 선생님께서 써도 된다고 하셨어."

해영이는 고맙기도 하고 미안하기도 해서 그만 얼굴이 붉어졌답니다.

---

* 힐끔: 가볍게 곁눈질하여 슬쩍 한 번 쳐다보는 모양.
* 출입문: 드나드는 문.
* 꼼지락거리고: 몸이 천천히 좀스럽게 계속 움직이고. 또는 몸을 천천히 좀스럽게 계속 움직이고.

1 　해영이가 실내화를 집에 두고 온 것을 언제 알았는지 이 글에서 찾아 빈칸에 알맞은

　내용 이해　　말을 쓰세요.

을 들어섰을 때

2 　이 글에 나오는 인물에 대한 설명으로 알맞은 것에 ○표 하세요.

　내용 이해

(1) 해영이와 재윤이네 집은 가깝다. 　　　　　　　　　　　　　　　　　(　　　)

(2) 해영이와 재윤이는 반이 다르다. 　　　　　　　　　　　　　　　　　(　　　)

(3) 해영이와 재윤이는 친구 사이이다. 　　　　　　　　　　　　　　　　(　　　)

3 　해영이가 ㉠처럼 행동한 까닭으로 알맞은 것의 기호를 쓰세요.

　추론

> ㉮ 재윤이를 오랜만에 만나 어색해서
>
> ㉯ 재윤이가 선생님께 이를까 봐 걱정이 되어서
>
> ㉰ 재윤이가 자신의 실수를 알고 자신이 했던 것처럼 놀릴까 봐 걱정이 되어서

(　　　　　　　　　)

4 　이 글로 보아, 가장 먼저 일어난 일은 무엇인가요? (　　　)

　짜임

① 해영이가 실내화를 두고 집을 나섰다.

② 재윤이가 해영이에게 슬리퍼를 건넸다.

③ 해영이가 실내화를 집에 두고 온 걸 깨달았다.

④ 해영이가 실내화를 가져오지 않은 재윤이를 놀렸다.

⑤ 재윤이가 고민에 빠진 해영이를 보고 무슨 일이냐고 물었다.

5 재윤이의 성격을 알맞게 짐작한 것의 기호를 쓰세요.

추론

> ㉠ 자신을 놀린 해영이를 도와준 것으로 보아 덤벙댄다.
>
> ㉡ 준비물을 제대로 챙기지 못하는 것으로 보아 너그럽다.
>
> ㉢ 해영이에게 손님용 슬리퍼를 가져다준 것으로 보아 마음이 따뜻하다.

(   )

6 해영이에게 하고 싶은 말을 알맞게 말한 친구는 누구인지 쓰세요.

감상

> 연수: 실내화는 깨끗하게 빨아서 신어야 해.
>
> 철민: 누구나 실수를 할 수 있잖아. 친구를 함부로 놀리면 안 돼.
>
> 경희: 학교에서 슬리퍼를 신은 채 뛰어다니면 위험해. 넘어질 수도 있어.

(   )

7 해영이가 재윤이에게 사과하는 쪽지를 쓴다면 어떤 내용으로 써야 할지 알맞은 것에 ○표 하세요.

적용·창의

(1) 너도 실내화를 집에 두고 온 적이 있지? 우리 앞으로 준비물을 잘 챙기자.

(2) 날 위해 슬리퍼를 가져다줘서 고마워. 지난번에 놀렸던 일은 정말 미안했어.

(3) 날 놀리려고 손님용 슬리퍼를 가져온 거니? 다시는 그러지 않았으면 좋겠어.

(   )   (   )   (   )

어휘력 강화

낱말의 뜻

1 다음 문장에 알맞은 낱말을 (   ) 안에서 골라 ○표 하세요.

⑴ (웅성웅성, 우물쭈물) 망설이지만 말고 속 시원히 말해 보렴.

⑵ 아이는 거짓말하다 들킨 것처럼 (당황한, 당당한) 표정을 지었다.

⑶ 아기는 따뜻한 엄마 품에서 몸을 (투덜거리다, 꼼지락거리다) 잠이 들었다.

높임말

2 밑줄 친 말을 높임말로 알맞게 고쳐 쓰세요.

> 승민: 진우야, 누가 화장실 청소를 했니?
> 진우: 선생님께서 화장실 청소를 <u>했어</u>.

(   )

관용어

3 다음 내용과 관련 있는 관용어에 ○표 하세요.

> 해영이는 오늘따라 학교에 늦게 왔는데, 실내화까지 집에 두고 왔다.

⑴ 등을 떠밀다 → 일을 억지로 시키거나 부추긴다는 뜻.   (   )

⑵ 엎친 데 덮치다 → 어렵거나 나쁜 일이 겹치어 일어난다는 뜻.   (   )

4월 1일은 만우절이에요. 이날에는 보통 가벼운 장난이나 그럴듯한 거짓말로 남을 속이면서 즐거워하지요.

[　　　　　　㉠　　　　　　]에 대해서는 여러 가지 이야기가 있어요. 그중 하나를 소개하면 다음과 같아요. 옛날 서양에서는 새해의 첫날이 3월 25일이었대요. 사람들은 새해가 되면 일주일 동안 축제를 열고 축제의 마지막 날인 4월 1일에 선물을 주고받았어요. 그런데 1564년에 프랑스 왕이 새해의 첫날을 1월 1일로 바꿔 버렸어요. 하지만 백성들은 오래전부터 해 오던 대로 3월 25일을 새해의 첫날이라고 생각했어요. 그래서 4월 1일에는 장난스러운 선물을 주고받으며 보냈어요. 이때부터 4월 1일이 만우절이 되었다고 해요.

『우리나라에도 만우절과 비슷한 날이 있었어요. 바로 첫눈이 내리는 날이에요. 우리 조상들은 첫눈이 많이 오면 다음 해에 *풍년이 든다고 생각했어요. 그래서 *궁중에서는 첫눈이 내리는 날에 임금님께 가벼운 거짓말을 해도 ㉡눈 감아 주었어요.』

만우절이라고 해서 너무 심한 거짓말이나 장난을 해도 되는 건 아니에요. 모두 가볍게 웃고 넘어갈 정도의 농담이어야 한다는 것을 잊지 마세요.

*풍년: 곡식이 잘 자라고 잘 여물어 평년보다 수확이 많은 해.
*궁중: 대궐 안.

1

주제

이 글의 제목을 정할 때 들어갈 낱말로 가장 알맞은 것은 무엇인가요? (   )

① 선물   ② 새해   ③ 첫눈

④ 만우절   ⑤ 프랑스

2

추론

㉠에 들어갈 내용으로 알맞은 것은 무엇인가요? (   )

① 만우절이 언제인지

② 만우절이 어떤 날인지

③ 만우절에 무엇을 해야 하는지

④ 만우절이 어떻게 시작되었는지

⑤ 다른 나라에도 만우절이 있는지

3

어휘·표현

㉡에 쓰인 '눈감다'의 뜻으로 알맞은 것에 ○표 하세요.

(1) 사람의 목숨이 끊어지다.   (   )

(2) 남의 잘못을 알고도 모르는 체하다.   (   )

4

내용 이해

이 글을 읽고 알게 된 내용으로 바르지 <u>않은</u> 것의 기호를 쓰세요.

㉮ 옛날 서양에서는 새해의 첫날이 3월 25일이었다.

㉯ 우리나라도 옛날에 가벼운 거짓말을 해도 되는 날이 있었다.

㉰ 만우절은 프랑스 왕이 처음 거짓말을 하면서부터 시작되었다.

(   )

5

『 』부분을 읽고 짐작할 수 있는 내용으로 알맞은 것에 ○표 하세요.

(1) 우리나라는 옛날에 풍년이 드는 것을 싫어했다.   (   )

(2) 우리나라는 옛날에 풍년이 드는 것을 당연하게 생각했다.   (   )

(3) 우리나라는 옛날에 풍년이 드는 것을 매우 중요하게 생각했다.   (   )

6

이 글 전체의 내용을 간추리려고 합니다. 내용의 흐름에 따라 차례대로 기호를 쓰세요.

> ㉮ 4월 1일은 만우절이다.
>
> ㉯ 만우절에는 가벼운 농담 정도만 해야 한다.
>
> ㉰ 우리나라에서도 첫눈이 내리는 날에는 가벼운 거짓말을 눈감아 주었다.
>
> ㉱ 만우절은 프랑스 왕이 새해의 날짜를 바꾸면서 시작되었다는 이야기가 있다.

(   ) → (   ) → (   ) → (   )

7

이 글의 글쓴이가 의견이 담긴 글을 쓰려고 할 때, 글의 제목으로 알맞은 것에 ○표 하세요.

(1) 만우절 장난은 가벼운 농담으로

(   )

(2) 절대로 하면 안 되는 거짓말

(   )

(3) 만우절 거짓말은 무조건 이해해야

(   )

어휘력 강화

낱말의 뜻

1 다음 문장에 알맞은 낱말을 ( ) 안에서 골라 ○표 하세요.

(1) 짝꿍이 내 말을 (농담, 속담)으로 받아들여서 속상하다.

(2) 새 책을 사면 작가를 (소개, 소비)하는 내용부터 읽는다.

(3) 예전에 대궐 안에서 해 먹던 요리를 '(궁중, 수중) 요리'라고 한다.

반대말

2 다음 낱말과 뜻이 서로 반대되는 낱말을 찾아 ○표 하세요.

(1) 풍년 ⟺ 작년   흉년   매년

(2) 같다 ⟺ 없다   다르다   비슷하다

사자성어

3 빈칸에 들어갈 사자성어로 알맞은 것에 ○표 하세요.

> 만우절에 가벼운 거짓말을 하는 것은 분위기를 ▨▨▨▨하게 만들어 준다.

(1) 화기애애(和氣靄靄) → 따뜻하고 화목한 분위기가 가득하다는 말. ( )

(2) 천방지축(天方地軸) → 너무 급하여 허둥지둥 함부로 날뛰는 모양을 말함.

( )

㉠최근에 전자레인지를 사용하는 중에 안에서 불꽃이 일어나는 사고가 있었습니다. 다시는 그런 사고가 일어나지 않도록 다음 안전 수칙에 맞게 전자레인지를 사용해 주시기 바랍니다.

전자레인지 사용 방법

전자레인지에 넣으면 안 되는 용기

1. 유리병이나 밀폐 용기는 넣으면 안 돼요.
   ㉡폭팔할 수 있어요.
2. 일회용 플라스틱 용기는 넣으면 안 돼요.
   녹으면서 *유해 물질을 발생시켜요.
3. 금속으로 된 용기나 알루미늄 포일은 넣으면 안 돼요.
   불꽃이 일어날 수 있어요.
※ 전자레인지를 사용하기 전에는 전자레인지용 용기인지 꼭 확인해 주세요.

전자레인지에 넣으면 안 되는 ⎡ ㉢ ⎤

1. 과일은 넣으면 안 돼요.
   *수분이 많은 과일은 터질 수 있어요.
2. 달걀, 껍질이 있는 것은 넣으면 안 돼요.
   달걀과 밤, 옥수수, 소시지와 같이 껍질이 있는 것은 터질 수 있어요.

*유해: 해로움이 있음.
*수분: 물기. 축축한 물의 기운.

1 　이 글을 쓴 까닭은 무엇인지 빈칸에 알맞은 말을 쓰세요.

주제

전자레인지를 [　　　　] 하게 사용하는 방법을 알려 주기 위해서

2 　㉠에서 말한 사고가 일어났을 때 전자레인지 안에 넣었을 것으로 짐작할 수 있는 것

추론　은 무엇인가요? (　　　)

① 달걀　　　　　　　　　　　② 유리병
③ 소시지　　　　　　　　　　④ 알루미늄 포일
⑤ 일회용 플라스틱 용기

3 　㉡'폭팔'을 맞춤법에 맞게 고쳐 쓰세요.

어휘·표현

(　　　　　　　　　　　)

4 　㉢에 들어갈 말로 알맞은 것은 무엇인가요? (　　　)

추론

① 과일　　　　　　　　　　　② 음식
③ 채소　　　　　　　　　　　④ 생선
⑤ 고기

5 이 글은 무엇을 중심으로 하여 쓴 글인지 알맞은 것에 ○표 하세요.

내용 이해

(1) '사실'을 중심으로 하여 쓴 글이다. ( )

(2) '생각이나 느낌'을 중심으로 하여 쓴 글이다. ( )

6 전자레인지를 사용한 방법이 올바른 친구는 누구인지 쓰세요.

적용·창의

> 예서: 전자레인지에 껍질이 두꺼운 달걀을 삶으려고 넣었어.
>
> 나연: 옥수수가 너무 차가워서 따뜻하게 데우려고 전자레인지에 넣었어.
>
> 현성: 동생이 수박을 전자레인지에 넣으려고 했는데, 내가 수분이 많은 과일을 전자레인지에 넣으면 안 된다고 말했어.

( )

7 다음은 어떤 식품 용기에 그려져 있는 표시입니다. 다음과 같은 뜻을 나타내는 표시에 ○표 하세요.

적용·창의

> 전자레인지용 용기가 아니므로 전자레인지에 넣어 사용할 수 없다.

(1)

뜨거운 물 주의

( )

(2) 전자레인지 조리

뚜껑 제거 후, 끓는 물 1000W 기준 **2분**

( )

(3)

전자레인지 조리 불가

( )

어휘력 강화

낱말의 뜻

1 빈칸에 알맞은 낱말을 o보기o에서 찾아 쓰세요.

> o 보기 o   밀폐   유해   수분

(1) (   ) 식품을 사 먹지 않도록 해야 한다.

(2) 더운 날에는 (   )을 충분히 섭취하는 게 좋다.

(3) (   )된 공간에 너무 오래 있어서 숨 쉬기도 힘들었다.

합성어

2 다음은 낱말과 낱말이 만나서 이루어진 낱말입니다. 빈칸에 공통으로 들어갈 말은 무엇인가요? (   )

> 유리█   꽃█   물█

① 길   ② 병   ③ 성
④ 컵   ⑤ 창

속담

3 다음 내용과 관련 있는 속담에 ○표 하세요.

> 전자레인지를 안전하게 사용하기 위해서는 어떤 용기인지, 어떤 음식인지를 다시 한번 확인해야 해.

(1) 아는 길도 물어 가라 → 잘 아는 일이라도 세심하게 주의를 하라는 말.   (   )

(2) 자라 보고 놀란 가슴 솥뚜껑 보고 놀란다 → 어떤 사물에 몹시 놀란 사람은 비슷한 사물만 보아도 겁을 냄을 이르는 말.   (   )

1 요즘 초등학생들은 학원을 많이 다니고 집 안에서 스마트폰을 가지고 노는 경우가 많아 밖에서 뛰어노는 시간이 부족해요. 그래서 갈수록 *체력이 떨어지고 있어요.

2 체력이 좋아지려면 매일 운동하는 시간을 가져야 해요. 그런데 집에서 각자 운동하는 시간을 가지기는 어려워요. 귀찮은 마음이 들어 ㉠꾸준히 하기 어렵거든요. 그래서 저는 학교에서 아침 운동을 하면 좋겠어요.

3 학교에서 아침 운동을 하면 매일 *규칙적으로 운동할 수 있어서 건강에 도움이 돼요. 실제로 서울 ○○초등학교에서 몇 년 동안 꾸준히 아침 운동을 한 결과, 아파서 결석하는 학생의 수가 부쩍 줄었다고 해요.

4 또, 아침 운동을 하면 공부에도 도움이 돼요. 흔히 아침 운동을 하고 나면 피곤해서 수업에 방해가 될 것이라고 생각하지만 그렇지 않아요. 운동은 뇌가 활발하게 활동할 수 있게 도와줘요. 과학 *전문지 ○○○에 따르면 일주일에 3번, 30분씩만 운동해도 학습 능력과 *집중력이 15퍼센트나 좋아진대요.

5 학교에서 아침 운동을 하면 좋은 점이 또 있어요. *소화가 잘 되어 급식 시간에 밥을 맛있게 먹을 수 있어요. 또 친구들과 함께 운동을 하기 때문에 힘든 운동도 서로 응원해 주며 즐겁게 할 수 있어요.

6 아침 운동 시간을 꼭 만들어 주세요. 매일 아침 친구들, 선생님과 함께 즐겁게 운동할 수 있기를 바랍니다.

* 체력: 몸을 움직여 어떤 일을 할 수 있는 힘.
* 규칙적: 일정한 질서가 있거나 규칙을 따르는 것.
* 전문지: 특정한 전문 분야의 소식이나 그와 관련된 내용만을 다루는 잡지.
* 집중력: 마음이나 주의를 집중할 수 있는 힘.
* 소화: 먹은 음식물을 뱃속에서 분해하여 영양분으로 흡수함.

1

주제

글쓴이가 제안한 내용은 무엇인지 빈칸에 알맞은 말을 쓰세요.

을 만들어 주세요.

2

추론

이 글은 누구에게 제안하기 위해 쓴 글이겠는지 알맞은 것에 ○표 하세요.

부모님   반 친구들   교장 선생님

3

내용 이해

글쓴이가 제안하는 까닭으로 알맞지 <u>않은</u> 것은 무엇인가요? (   )

① 공부에 도움이 된다.

② 건강에 도움이 된다.

③ 집에서 운동을 할 필요가 없다.

④ 힘든 운동도 즐겁게 할 수 있다.

⑤ 급식 시간에 밥을 맛있게 먹을 수 있다.

4

짜임

글 **1**의 중심 내용을 알맞게 정리한 것에 ○표 하세요.

(1) 학원에 다니는 초등학생들이 많다.   (   )

(2) 초등학생의 체력이 갈수록 떨어지고 있다.   (   )

(3) 스마트폰을 가지고 노는 초등학생들이 많다.   (   )

5

㉠'꾸준히'와 바꾸어 써도 문장의 뜻이 달라지지 않는 낱말을 두 가지 고르세요.

(   )

① 가끔   ② 조금   ③ 때때로

④ 끊임없이   ⑤ 한결같이

6

다음과 같이 글쓴이의 생각에 반대하는 의견을 말할 때, 빈칸에 들어갈 까닭으로 알맞은 것에 ○표 하세요.

> 아침 운동 시간을 만드는 것에 반대한다. 왜냐하면 ▨▨▨▨▨▨▨▨▨▨

(1) 학교는 집에서 가깝기 때문이다.   (   )

(2) 운동을 하면 기분이 좋아지기 때문이다.   (   )

(3) 학교에 일찍 가야 해서 잠자는 시간이 줄어들기 때문이다.   (   )

7

다음 신문 기사를 읽고 글쓴이가 할 말로 알맞은 것에 ○표 하세요.

> 부산 ○○초등학교 학생들은 매일 아침 전교생이 수업을 시작하기 전에 간단한 체조를 한다고 합니다. 한 학생의 제안으로 시작되었는데, 학생들과 학부모들의 반응이 무척 좋아서 앞으로도 계속 실시할 예정이라고 합니다.

(1) "○○초등학교 학생들은 친구 사이가 좋지 않을 거야."   (   )

(2) "○○초등학교 학생들은 공부하랴 운동하랴 너무 힘들겠다."   (   )

(3) "○○초등학교 학생들은 몸도 튼튼하고 공부도 열심히 할 거야."   (   )

어휘력 강화

낱말의 뜻

1 빈칸에 알맞은 낱말을 ○보기○에서 찾아 낱말의 뜻을 완성하세요.

> ○ 보기 ○   몸   잡지   질서

(1) 체력: (   )을 움직여 어떤 일을 할 수 있는 힘.

(2) 규칙적: 일정한 (   )가 있거나 규칙을 따르는 것.

(3) 전문지: 특정한 전문 분야의 소식이나 그와 관련된 내용만을 다루는 (   ).

포함되는 말

2 다음 낱말에 포함되는 낱말을 모두 고르세요. (   )

> 운동

① 농구   ② 배구   ③ 축구화

④ 마라톤   ⑤ 체육관

속담

3 다음 상황과 관련 있는 속담에 ○표 하세요.

> 아침 운동을 하면 소화가 잘 되어 급식 시간에 밥을 맛있게 먹을 수 있어요.

(1) 시장이 반찬 → 배가 고프면 반찬이 없어도 밥이 맛있음을 이르는 말.   (   )

(2) 울며 겨자 먹기 → 싫은 일을 좋은 척하고 억지로 할 수밖에 없는 경우를 나타내는 말.   (   )

가

지난 겨울에는 브라질의 꾸리찌바라는 도시에서 두 달 정도 머물렀어요. 겨울 방학을 맞아 이모네 집에 놀러 간 거예요.

꾸리찌바는 *무질서한 개발로 환경이 ㉠악화되는 상황이 계속되자, 30년 가까이 노력하여 세계에서 *손꼽히는 생태 도시로 바뀌었다고 해요.

제가 꾸리찌바에 도착한 뒤 가장 먼저 간 곳은 이모네 집 앞에 있는 광장이에요. 광장 한쪽에서는 재활용 쓰레기를 가져온 아이들에게 초콜릿이나 공책, 인형 등을 나누어 주고 있었어요. 꾸리찌바 어린이들은 이런 활동을 통해 쓰레기가 식품이나 학용품과 바꿀 수 있는 ㉡____ 자원이라는 것을 체험한대요. 그래서 재활용할 수 있는 쓰레기를 함부로 버리지 않게 되지요.

실제로 꾸리찌바의 쓰레기 재활용률은 전 세계 1위이고, 세계 여러 도시에 영향을 끼쳤어요.

▲ 생태 도시로 거듭난 꾸리찌바의 모습

나

㉢1992년 브라질 리우데자네이루에서는 점점 나빠지는 지구 환경 *보전 문제를 해결하기 위해 리우 회의가 열렸어요.

그동안 세계의 많은 나라들은 잘살기 위해서만 노력했어요. 그래서 자연이 파괴되고 동식물은 물론 사람도 살기 힘든 환경이 되었지요. 많은 나라들이 지구 환경 보전 문제를 해결하기 위하여 고민하면서 '생태 도시'라는 말이 생겼어요.

생태 도시는 사람과 자연 또는 환경이 조화를 이루는 환경친화적인 도시를 말해요. 사람과 자연이 함께 어우러지는 살아 숨 쉬는 도시를 말하는 거죠.

- ●지문의 난이도
  상 중 하

- ●문제의 난이도
  상 중 하

낱말 뜻

* 무질서한: 질서가 없는.
* 손꼽히는: 여럿 중에서 뛰어나다고 여겨지는.
* 보전: 변하는 것이 없도록 잘 지키고 유지함.
* 조화: 서로 잘 어울림.
* 환경친화적: 자연환경을 오염하지 않고 자연 그대로의 환경과 잘 어울리는 것.

1
내용 이해

글 ⑦와 ⑭를 모두 읽고, 꾸리찌바에 대하여 바르게 말한 친구는 누구인지 쓰세요.

> 민경: 꾸리찌바는 잘살기 위한 노력은 하지 않은 도시야.
>
> 연재: 꾸리찌바는 자연이 파괴되어 사람이 살기 힘든 곳이야.
>
> 호준: 꾸리찌바는 사람과 자연 또는 환경이 조화를 이루는 환경친화적인 도시야.

(   )

2
어휘·표현

㉠'악화되는'과 뜻이 서로 비슷한 말을 밑줄 친 ㉢에서 찾아 쓰세요.

(   )

3
추론

㉡에 들어갈 말로 알맞은 것은 무엇인가요? (**)**

① 깨끗한   ② 위험한   ③ 소중한

④ 쓸모없는   ⑤ 재미있는

4
적용·창의

꾸리찌바가 생태 도시라는 점을 생각할 때, 꾸리찌바에서 노력해 온 일로 알맞지 않은 것의 기호를 쓰세요.

> ㉮ 차 없는 거리를 만들어 사람들이 편히 쉴 수 있게 한다.
>
> ㉯ 갯벌을 땅으로 만들어 사람들이 살 수 있는 아파트를 많이 짓는다.
>
> ㉰ 오래된 건물을 부수기보다는 아름답고 쓸모 있는 건물로 되살리려고 애쓴다.

(   )

● 지문의 난이도
상 중 하

● 문제의 난이도
상 중 하

가

훈이는 오늘도 편의점 앞에 ㉠멈추어 서서 말했어요.

"엄마, 과자 하나만 사 주시면 안 돼요?"

"오늘도? 안 돼. 금방 저녁밥 먹어야 하잖아."

"저녁밥 잘 먹을게요!"

훈이는 혹시나 하는 마음으로 다시 한번 졸랐어요.

『"안 돼. 과자에는 *당과 *나트륨이 많이 들어 있어서 건강에 좋지 않아. 또, 밀가루를 기름에 튀긴 것들이어서 뚱뚱해지기 쉬워. 게다가 맛과 향을 내기 위해서 몸에 좋지 않은 *식품 첨가물도 넣는데…….』

"아, 아! 알겠어요. 안 먹을게요."

훈이는 엄마께서 어려운 설명을 계속하실 것 같아 얼른 대답하고 집으로 향했어요.

나

'군것질'은 과일이나 과자 같은 간식을 먹는 일을 말해요. 간식은 종류도 다양하고 맛이 있지만, *해로운 점도 있어요.

첫째, ㉡군것질을 많이 하면 배가 고프지 않아 밥을 먹고 싶지 않게 돼요. 그러면 영양을 골고루 갖춘 식사를 제대로 하지 못하게 되지요.

둘째, ㉢군것질은 건강에 좋지 않은 영향을 주기도 해요. 우리가 간식으로 자주 먹는 과자, 사탕, 아이스크림 등에는 몸에 좋지 않은 *성분이 들어 있는 경우가 많지요.

따라서 군것질을 너무 많이 하지 않아야 해요. 군것질이 하고 싶으면 밥을 먹기 한참 전에 간단히 먹는 게 좋아요.

● 낱말 뜻

*당: 물에 잘 녹고 단맛이 있는 탄수화물.

*나트륨: 소금을 만드는 물질 가운데 하나로 바닷물에 많이 녹아 있음.

*식품 첨가물: 식료품을 만들 때 맛이나 영양을 좋게 하기 위해 넣는 물질.

*해로운: 이롭지 않고 해가 되는 점이 있는.

*성분: 물체를 이루는 바탕이 되는 원소나 물질.

5 ㉠'멈추어'를 (보기)와 같이 줄여서 쓰세요.

어휘·표현

> ○ 보기 ○
>
> 갖추어 → 갖춰

(   )

6 『 』부분의 내용은 밑줄 친 ㉡과 ㉢ 중에서 무엇과 관련이 있는지 쓰세요.

내용 이해

(   )

7 글 **나**의 내용을 정리하여 빈칸에 알맞은 말을 쓰세요.

짜임

글쓴이의 생각	군것질을 (1) _____
그렇게 생각하는 까닭	• 배가 고프지 않아 밥을 먹고 싶지 않게 된다. • 건강에 (2) _____

8 다음은 글 **가**에 나오는 엄마와 훈이가 글 **나**를 읽고 한 말입니다. (   ) 안에서 알맞

비판   은 말을 골라 ○표 하세요.

(1) 엄마: 나는 글 **나**의 글쓴이와 생각이 (같아, 달라). 과자에는 몸에 좋지 않은 성
분이 들어 있어서 아이들이 건강하게 크는 데 방해가 돼.

(2) 훈이: 나는 글 **나**의 글쓴이와 생각이 (같아, 달라). 대부분의 아이들은 군것질을
해도 밥을 잘 먹어. 그리고 요즘에는 건강에 좋은 과자도 많아.

한 주 동안 배운 낱말을 떠올리며 다음 문제를 풀어 보세요.

❶					❸
❷				❹	
		❺			
❻					❼
				❽	

가로 →

❷ 특정한 전문 분야의 소식이나 그와 관련된 내용만을 다루는 잡지.

❹ 물체를 이루는 바탕이 되는 원소나 물질.
　예 멸치에는 뼈가 튼튼해지는 ○○이 많이 들어 있다.

❻ 마음이나 주의를 집중할 수 있는 힘.

❽ 서로 잘 어울림.
　예 이번 공연에서는 춤과 노래가 ○○를 잘 이루었다.

세로 ↓

❶ 변하는 것이 없도록 잘 지키고 유지함.
　예 환경 ○○을 잘해서 후손들에게 지금의 자연을 그대로 물려주자.

❸ 물기. 축축한 물의 기운.

❺ 몸을 움직여 어떤 일을 할 수 있는 힘.

❼ 먹은 음식물을 뱃속에서 분해하여 영양분으로 흡수함.
　예 밥을 먹자마자 누웠더니 ○○가 되지 않는다.

정답 및 해설 16쪽에서 확인하세요.

마술사와 토끼의 그림자를 찾아보세요!

정답 및 해설 16쪽에서 확인하세요.

6주

26일

시

짝짝이 양말

27일

정보가 담긴 글

만화 영화를
어떻게
만들까요?

28일

정보가 담긴 글

우주에서도
신선한 채소
먹을 수 있는
길이 열려

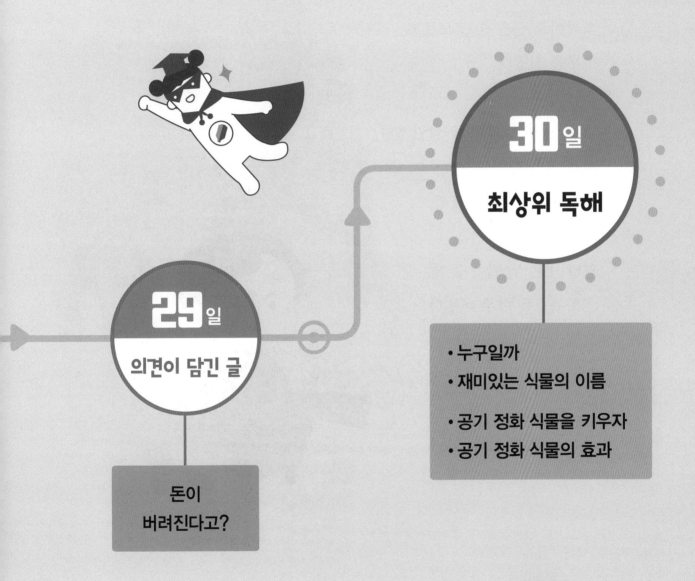

30일

최상위 독해

- 누구일까
- 재미있는 식물의 이름

- 공기 정화 식물을 키우자
- 공기 정화 식물의 효과

29일

의견이 담긴 글

돈이
버려진다고?

권영상

집에 돌아와
양말을 벗으려고 보니
양말이 *짝짝이다.

짝짝이로 신은 줄도 모르고
하루를 지냈다.
오늘 하루, 양말은
내 두 발이 *남남인 줄 알았겠다.
발을 모을 때마다
얼마나 *서먹서먹했을까.

양말 벗은 두 발을 들어
㉠뽀득뽀득 마주 비빈다.
오늘 일 다 잊으라고.

* 짝짝이: 제짝이 아닌 것끼리 한 벌이 된 것.
* 남남: 서로 아무런 관계가 없는 남과 남.
* 서먹서먹했을까: 익숙하거나 친하지 아니하여 자꾸 어색했을까.
* 뽀득뽀득: 자꾸 야무지게 문지르거나 비빌 때 잇따라 나는 소리. 또는 그 모양.

1

주제

이 시의 제목으로 알맞은 것은 무엇인가요? (   )

① 운동화   ② 오늘 하루

③ 짝짝이 양말   ④ 빨래하는 날

⑤ 두 손과 두 발

2

내용 이해

이 시에 나타난 장소로 알맞은 것에 ◯표 하세요.

집   학교   목욕탕   양말 가게

3

내용 이해

말하는 이에게 있었던 일은 무엇인가요? (   )

① 양말 한 짝을 잃어버렸다.

② 구멍 난 양말을 신고 학교에 갔다.

③ 양말 두 짝을 잃어버렸다가 다시 찾았다.

④ 양말을 짝짝이로 신은 것을 알고 바로 집으로 왔다.

⑤ 집에 돌아오기 전까지 하루 종일 양말을 짝짝이로 신고 있었다.

4

어휘·표현

㉠'뽀득뽀득'이 알맞게 쓰인 문장에 ◯표 하세요.

(1) 이마에 땀방울이 <u>뽀득뽀득</u> 맺혔다.   (   )

(2) 아기가 자면서 이를 <u>뽀득뽀득</u> 갈았다.   (   )

(3) 닭을 푹 삶았더니 뼈까지 <u>뽀득뽀득</u> 익었다.   (   )

5 이 시에 나타난 말하는 이의 마음으로 알맞은 것을 두 가지 고르세요. (   )

① 새 양말을 사고 싶은 마음

② 양말을 짝짝이로 신었던 일이 무서운 마음

③ 양말을 짝짝이로 신어서 두 발에게 미안한 마음

④ 양말을 짝짝이로 신은 것을 보고 놀린 친구가 미운 마음

⑤ 양말을 짝짝이로 신은 줄도 모르고 하루를 지내서 창피한 마음

6 이 시를 읽고 그린 그림으로 가장 알맞은 것에 ○표 하세요.

(1)

(   )

(2)

(   )

(3)

(   )

7 이 시를 읽고 반 친구들과 이야기를 나누어 보려고 합니다. 무엇에 대해 이야기를 나누는 것이 알맞을지 기호를 쓰세요.

> ㉮ 초등학생은 집에 몇 시까지 들어와야 할까?
>
> ㉯ 처음 만난 친구와 친해지려면 어떻게 해야 할까?
>
> ㉰ 양말을 짝짝이로 신은 것과 비슷한 경험은 무엇이 있을까?

(   )

낱말의 뜻

1 빈칸에 알맞은 낱말을 ◦보기◦에서 찾아 쓰세요.

◦ 보기 ◦   남남   짝짝이   서먹서먹

⑴ 동생과 말다툼을 하고 난 뒤라 무척 (   )했다.

⑵ 동생이 친구 집에 갔다가 운동화를 (   )로 신고 왔다.

⑶ 엄마와 아빠는 서로에게 화가 나 (   )인 것처럼 행동하셨다.

단위를 나타내는 말

2 빈칸에 들어갈 말로 알맞은 것은 무엇인가요? (   )

양말 한

① 살   ② 모   ③ 그루
④ 송이   ⑤ 켤레

사자성어

3 빈칸에 들어갈 사자성어로 알맞은 것에 ○표 하세요.

동생은 '내'가 양말을 짝짝이로 신은 걸 보고   하며 즐거워했다.

⑴ 박장대소(拍掌大笑) → 손뼉을 치며 크게 웃는 것을 이르는 말.   (   )

⑵ 좌충우돌(左衝右突) → 이리저리 마구 찌르고 부딪침을 이르는 말.   (   )

만화 영화를 어떻게 만들까요?

만화 영화를 만들려면 시나리오가 있어야 해요. 시나리오는 영화를 찍기 위해서 장면이나 사건의 순서, 인물의 대사나 행동 등을 자세하게 써 놓은 대본을 말해요.

그다음에 할 일은 인물의 모습과 *배경, *소품 등을 정해서 그려 보는 거예요. 그게 다 정해지면 스토리보드를 만들어야 해요. 집을 만들 때 *설계도가 필요하듯이 만화 영화를 만들 때에는 스토리보드가 필요해요. 스토리보드는 보는 사람이 이야기의 내용을 쉽게 이해할 수 있도록 주요 장면을 그림으로 정리한 계획표를 말해요. 만화 영화의 각 장면을 간단하게 그려 놓는 거지요.

이번에는 인물이 움직이는 것처럼 만들 차례예요. 스토리보드를 보며 인물의 동작을 한 동작씩 따로따로 그려서 여러 장을 빠르게 넘기면 인물이 ⓐ 처럼 보여요. 그렇게 그린 그림들은 *스캐너를 이용하여 컴퓨터에 저장한 뒤, 색을 입혀요. 이때 배경과 소품에도 색을 입혀 완성해요.

이제 컴퓨터 프로그램을 이용해서 따로따로 작업한 인물과 배경, 소품 그림을 하나로 합칠 차례예요. 그리고 거기에 여러 가지 *특수 효과를 넣고 인물의 목소리도 녹음해서 넣어요. 마지막으로 분위기에 어울리는 음악도 넣어요.

이렇게 하면 한 ⓑ 의 만화 영화가 완성되지요.

*배경: 무대 뒤에 그리거나 꾸며 놓은 장치.
*소품: 연극이나 영화 따위에서, 무대 장치나 분장에 쓰는 작은 도구를 통틀어 이르는 말.
*설계도: 집이나 물건 같은 것을 만들려고 생김새, 크기 따위를 그림으로 나타낸 것.
*스캐너: 그림이나 사진, 문자 따위를 보이는 그대로 읽어서 컴퓨터에 저장하는 장치.
*특수 효과: 영화나 텔레비전, 공연 따위에서 연출 효과를 높이기 위하여 특수한 기술로 만들어 낸 이미지. 또는 그런 기술.

1

주제

이 글에서 중심이 되는 내용으로 알맞은 것의 기호를 쓰세요.

㉮ 만화 영화를 만드는 방법

㉯ 만화 영화 작가가 되는 방법

㉰ 만화 영화를 재미있게 보는 방법

(   )

2

짜임

이 글은 어떤 방법으로 쓴 글인지 (   ) 안에서 알맞은 것을 골라 ○표 하세요.

(일의 순서, 장소의 변화)에 따라 쓴 글이다.

3

내용 이해

만화 영화를 만드는 과정을 정리하여 빈칸에 알맞은 말을 쓰세요.

시나리오 쓰기 → ☐☐ 의 모습과 ☐☐ , 소품 등을 정해서 그리기 → 스토리보드 만들기 → 인물이 움직이는 것처럼 만들기 → 스캐너로 컴퓨터에 저장하기 → 색 입히기 → 컴퓨터 프로그램으로 인물, 배경, 소품 그림 합치기 → 특수 효과 넣기 → 인물의 목소리와 음악 넣기

4

추론

㉠에 들어갈 말로 알맞은 것은 무엇인가요? (   )

① 멋있는 것

② 한 명인 것

③ 움직이는 것

④ 여러 명인 것

⑤ 가만히 있는 것

5

ⓛ에 들어갈 낱말로 알맞은 것에 ○표 하세요.

짝 톨 편

6

이 글에서 만화 영화를 만드는 방법에 대해 설명한 내용으로 알맞은 것에 ○표 하세요.

(1) 음악을 넣을 때에는 만드는 사람이 좋아하는 음악을 넣는다. ( )

(2) 인물의 동작을 크게 그리면 인물이 움직이는 것처럼 보인다. ( )

(3) 인물과 배경, 소품을 따로따로 그린 뒤에 나중에 하나로 합친다. ( )

7

이 글과 다음 내용을 읽고, 스토리보드로 알맞은 것에 ○표 하세요.

> 스토리보드에는 인물이 움직이는 모습을 그림으로 그린다. 인물이 할 말과 움직이는 방향 등을 표시하는데, 다음 장면으로 넘어갈 때 걸리는 시간도 적는다.

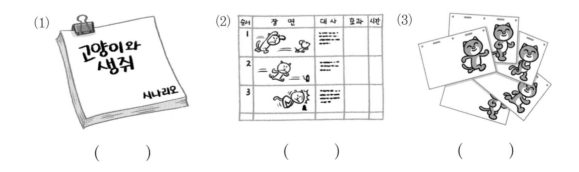

(1) ( ) (2) ( ) (3) ( )

낱말의 뜻

1 다음 뜻을 가진 낱말을 <보기>에서 찾아 쓰세요.

> **○ 보기 ○**   녹음   배경   소품

(1) 무대 뒤에 그리거나 꾸며 놓은 장치. → (   )

(2) 소리를 되살려 들을 수 있게 테이프나 필름 등에 기록하는 일. → (   )

(3) 연극이나 영화 따위에서, 무대 장치나 분장에 쓰는 작은 도구를 통틀어 이르는 말. → (   )

맞춤법

2 다음 중 맞춤법에 맞게 쓴 낱말은 무엇인가요? (   )

① 차레   ② 게획표   ③ 컴퓨터

④ 설계도   ⑤ 프로그렘

관용어

3 빈칸에 들어갈 관용어로 알맞은 것에 ○표 하세요.

> 우리 모둠은 만화 영화를 잘 만들기 위해   회의를 하였다.

(1) 등을 돌리고 → 뜻을 같이하던 사람이나 단체와 관계를 끊고 외면한다는 뜻.

(   )

(2) 머리를 맞대고 → 어떤 일을 의논하거나 결정하기 위해 서로 마주 대한다는 뜻.

(   )

우주에서도 *신선한 채소 먹을 수 있는 *길이 열려

　국제 우주 정거장(ISS)에서 키운 '우주 상추'가 안전하게 먹을 수 있는 것으로 확인됐다.

　국제 우주 정거장에서는 2014~2016년에 특별한 채소 재배 장치를 만들어 상추를 키웠다. 이 우주 상추는 언 상태로 지구에 있는 미국 항공 우주국(NASA) 연구팀에게로 보내졌다. 연구팀은 국제 우주 정거장에서와 비슷한 환경을 만들어 같은 종류의 상추를 키운 뒤 우주 상추와 비교했다. 그 결과 지구에서 키운 상추와 우주 상추는 성분이 비슷했고 질병을 일으킬 만한 세균도 없는 것으로 확인됐다. 실제로 국제 우주 정거장 우주 비행사들이 우주 상추로 샐러드를 만들어 먹었지만 아무도 ㉠탈이 나지 않았다고 한다.

　그동안 우주 비행사들이 먹는 식품은 우주에서 간편하게 먹을 수 있도록 만들어지는 과정에서 많은 영양분이 *파괴되었다. 이번 연구로 우주 비행사들도 우주에서 신선한 채소를 먹을 수 있게 되었다.

　연구팀은 앞으로도 우주 비행사들이 ⎛　　　　　㉡　　　　　⎞ 피망, 토마토 같은 작은 열매 채소를 키우는 방법도 연구할 예정이라고 밝혔다.

▲ 우주 상추

*신선한: 채소나 과일, 생선 등이 싱싱한.
*길이 열려: 어떤 일을 하게 되거나 전망이 보여.
*탈: 몸에 생긴 병.
*파괴되었다: 부서지거나 깨뜨려져 무너졌다.

1 　이 기사에서 전하려고 하는 주요 내용으로 알맞은 것에 ○표 하세요.

주제

(1) 우주에서 채소를 키우는 방법을 실험할 예정이다.　　　　　　　　（　　　）

(2) 국제 우주 정거장에서 특별한 채소 재배 장치를 만들었다.　　　　（　　　）

(3) 국제 우주 정거장에서 키운 우주 상추가 안전하여 먹을 수 있다.　（　　　）

2 　'우주 상추'에 대한 설명으로 알맞지 <u>않은</u> 것은 무엇인가요? （　　　）

내용 이해

① 언 상태로 지구에 보내졌다.

② 국제 우주 정거장에서 키웠다.

③ 특별한 채소 재배 장치에서 자랐다.

④ 지구에서 키운 상추와 성분이 다르다.

⑤ 질병을 일으키는 세균이 없어서 먹어도 안전하다.

3 　㉠'탈이 나지 않았다'의 뜻으로 알맞은 것은 무엇인가요? （　　　）

어휘·표현

① 맛이 나지 않았다.　　　　　　② 병이 나지 않았다.

③ 맛있어하지 않았다.　　　　　　④ 냄새가 나지 않았다.

⑤ 배가 부르지 않았다.

4 　그동안 우주 비행사들이 먹은 음식의 좋은 점과 나쁜 점을 글에서 각각 찾아 쓰세요.

내용 이해

(1) 좋은 점: ☐☐ 하게 먹을 수 있다.

(2) 나쁜 점: ☐☐☐ 이 많이 ☐☐ 되었다.

5 ⓒ에 들어갈 말로 알맞은 것의 기호를 쓰세요.

추론

> ㉮ 편안하게 잠을 잘 수 있도록 하기 위해
>
> ㉯ 신선한 식품을 먹을 수 있도록 하기 위해
>
> ㉰ 우주에서 지구로 안전하게 돌아올 수 있도록 하기 위해

(   )

6 이 글을 읽고 아쉬웠던 점을 알맞게 말한 친구는 누구인지 쓰세요.

비판

> 윤성: 우주 비행사가 되려면 어떻게 해야 하는지를 알려 줬으면 더 좋았겠다.
>
> 규진: 국제 우주 정거장에서 상추를 키울 때 사용했던 채소 재배 장치가 어떤 건지
> 설명해 줬으면 더 좋았겠다.

(   )

7 이 글과 다음 글을 통해 알 수 있는 사실로 알맞은 것에 ○표 하세요.

적용·창의

> 미국 항공 우주국 국제 우주 정거장은 우주 비행사의 소변을 마실 수 있는 물로
> 바꾸는 방법을 개발했다. 물은 무거워 우주로 많은 양을 가져가기 어려웠던 점을
> 해결한 것이다.

(1) 우주에 관심을 가지고 있는 나라는 거의 없다.   (   )

(2) 우주 시대를 열기 위해 많은 노력이 이루어지고 있다.   (   )

(3) 많은 사람들은 우주 개발이 필요하지 않다고 생각한다.   (   )

📖 어휘력 강화

낱말의 뜻

1 다음 문장에 알맞은 낱말을 ( ) 안에서 골라 ○표 하세요.

(1) 냉장고 안에는 (신선한, 신중한) 채소가 가득했다.

(2) 지진이 나서 건물이 모두 (파고들었다, 파괴되었다).

(3) 이 제품은 사용 방법이 (간편해서, 간절해서) 인기가 많다.

비슷한말

2 밑줄 친 말과 뜻이 비슷한 말을 찾아 ○표 하세요.

(1)
> 국제 우주 정거장에서 상추를 <u>키웠다</u>.

(심었다, 길렀다, 만들었다)

(2)
> 채소를 키우는 방법도 연구할 <u>예정</u>이라고 밝혔다.

(계획, 과정, 예약)

관용어

3 빈칸에 들어갈 관용어로 알맞은 것은 무엇인가요? ( )

> 이번 연구로 우리나라에서도 암을 치료할 수 있는 새 ⬚⬚⬚⬚.

① 속을 태웠다   ② 손을 놓았다

③ 길이 열렸다   ④ 꼬리를 내렸다

⑤ 말문이 막혔다

돈이 버려진다고?

1 ㉠2019년 한 해 동안 찢어지거나 더러워져서 *폐기된 *지폐를 차곡차곡 쌓으면 그 높이가 백두산의 약 24배, 세계에서 가장 높은 에베레스트산의 약 7배라고 한다. 찢어지거나 더러워져서 폐기되는 지폐의 양이 어마어마하다는 사실이 놀라울 뿐이다. 우리는 그 양을 줄이기 위해 돈을 깨끗이 써야 한다.

2 우리가 돈을 깨끗이 쓰면 우리 생활에서 깨끗한 돈을 ㉡주고받기 때문에 *만족감이 높아질 수 있다. 또 돈을 깨끗이 쓰면 오랫동안 사용할 수 있어 돈을 새로 만드는 데 들어가는 *비용을 줄일 수 있다. 한국은행은 찢어지거나 더러워진 지폐, 불에 탄 지폐, 찌그러진 동전 등 다시 사용할 수 없게 *손상된 돈을 깨끗한 돈으로 바꾸어 준다. 이때 손상된 돈을 폐기하면, 새로 돈을 만들 때 비용을 들여야 하기 때문에 폐기되는 돈의 양만큼의 비용을 줄일 수 있는 것이다.

3 그렇다면 돈을 깨끗이 쓰려면 어떻게 해야 할까? 지폐는 꼬깃꼬깃 접거나 구기지 않고, 지갑에 넣고 다녀야 한다. 또 메모하거나 낙서하지 않아야 한다.

4 돈을 깨끗이 쓰는 방법을 알고 실천하여 폐기되는 돈의 양을 줄여 보자.

*폐기된: 못 쓰게 된 것이 버려진.
*지폐: 종이에 인쇄를 하여 만든 돈.
*만족감: 마음에 흡족한 느낌.
*비용: 어떤 일을 하는 데 드는 돈.
*손상된: 물체가 깨지거나 상한.

1 이 글에 나타난 글쓴이의 생각은 무엇인지 쓰세요.

주제

　　　　　 을 　　　　　 쓰자.

2 ㉠을 읽고 짐작한 내용을 알맞게 말한 친구의 이름을 쓰세요.

추론

> 민정: 지폐를 쌓는 건 쉬운 일인가 봐.
>
> 윤기: 돈을 함부로 다루는 사람이 많은 것 같아.
>
> 아름: 대부분의 사람들은 돈을 아껴 쓰려고 노력하지.

(　　　　　　　　)

3 ㉡'주고받기'가 만들어진 방법을 보고, 같은 방법으로 다음 두 낱말을 합하여 빈칸에 알맞은 낱말을 쓰세요.

어휘·표현

> 주다 + 받다 = 주고받다

• 사다 + 팔다 = 　　　　　

4 지폐를 깨끗이 쓰는 방법으로 알맞지 <u>않은</u> 것은 무엇인가요? (　　　)

내용 이해

① 접지 않는다.　　　　　　　　② 구기지 않는다.

③ 메모하지 않는다.　　　　　　④ 낙서하지 않는다.

⑤ 지갑에 넣지 않는다.

5 글 **1**~**4** 중 다음에 해당하는 글의 번호를 쓰세요.

짜임

> 글쓴이의 생각을 뒷받침하는 까닭을 쓴 부분으로, 돈을 깨끗이 쓰면 좋은 점을 설명했다.

(   )

6 이 글을 읽고 자신의 생각을 알맞은 까닭을 들어 말한 친구는 누구인지 쓰세요.

비판

> 지형: 나는 글쓴이와 생각이 달라. 부모님들은 가족을 위해 고생하며 돈을 버시잖아. 그러니까 돈을 깨끗이 쓸 필요가 없어.
>
> 예서: 나는 글쓴이와 생각이 같아. 돈은 나 혼자만 사용하는 게 아니잖아. 내가 쓰던 돈을 다른 사람이 쓸 수도 있으니까 깨끗이 쓰려고 노력해야 해.

(   )

7 그림 속 친구들은 돈을 어떻게 해야 할지 알맞은 것에 ○표 하세요.

적용·창의

(1) 돈을 쓰레기통에 버린다.   (   )

(2) 한국은행에 가서 새 돈으로 바꾼다.   (   )

(3) 쓸 수 없는 돈이므로 돼지 저금통에 넣어 둔다.   (   )

1 낱말의 뜻

빈칸에 알맞은 낱말을 (보기)에서 찾아 쓰세요.

> **보기**
>
> 비용　　　폐기　　　만족감

(1) 유리병은 함부로 (　　　　　)하면 안 된다.

(2) 여행 (　　　　　)을 마련하기 위해 아르바이트를 했다.

(3) 드디어 연구를 끝냈다는 (　　　　　)에 잠을 잘 수 없었다.

2 피동 표현

빈칸에 알맞은 말에 ○표 하세요.

> 새 돈을 만드는 데 드는 비용을 [　　　　　].

(1) 줄다 (　　　)　　　　　　　　(2) 줄이다 (　　　)

3 속담

다음 그림에 어울리는 속담에 ○표 하세요.

(1) 같은 값이면 다홍치마 → 같은 값이면 좋은 물건
　　을 택한다는 말.　　　　　　　　　　（　　　）

(2) 계란으로 바위 치기 → 대항해도 도저히 이길 수
　　없는 경우를 이르는 말.　　　　　　（　　　）

이왕이면 깨끗한
돈으로 거슬러 주세요.

30 DAY 최상위 독해

가 누구일까

윤동재

● 지문의 난이도
상 중 하

● 문제의 난이도
상 중 하

들길을 걷다 보면
*도랑가로 달개비꽃 피어 있지요.
달개비꽃 볼 때마다
달개비란 이름 맨 처음 붙인 사람
궁금하지요.

누구일까

산길을 걷다 보면
*길섶으로 패랭이꽃 피어 있지요.
패랭이꽃 볼 때마다
패랭이란 이름 맨 처음 붙인 사람
궁금하지요.

누구일까

나 재미있는 식물의 이름

'도둑놈의갈고리'라는 풀이름을 들어본 적이 있나요? 전국의 숲속에 흔하게 자라는 풀로, 열매의 껍질에는 *갈고리 같은 가시가 있어요. 그 모양이 도둑이 사용하는 갈고리 같다 하여 붙여진 이름이에요.

▲ 도둑놈의갈고리

꽝꽝나무는 숲의 *가장자리에서 자라는데, 도톰한 나뭇잎에 불이 붙으면 잎이 부풀어 오르며 "꽝꽝" 하는 소리가 난다고 해서 이름이 붙여졌어요.

▲ 꽝꽝나무

자작나무는 나무가 불에 탈 때 "자작자작" 소리를 내며 타서 붙여진 이름이에요.

▲ 자작나무

낱말 뜻

* 도랑가: 매우 좁고 작은 개울의 주변.
* 길섶: 길의 가장자리. 흔히 풀이 나 있는 곳을 가리킴.
* 갈고리: 끝이 뾰족하고 꼬부라진 물건. 흔히 쇠로 만들어 물건을 걸고 끌어당기는 데 씀.
* 가장자리: 둘레나 끝에 해당되는 부분.

1

주제

글 **가**와 **나**에서 각각 중요한 내용은 무엇인지 빈칸에 알맞은 말을 ○보기○에서 찾아 쓰세요.

○보기○	왜	누가	언제	어디서

(1) 글 **가**: 식물 이름을 (　　　　　) 그렇게 붙였을까?

(2) 글 **나**: 식물 이름을 (　　　　　) 그렇게 붙였을까?

2

어휘·표현

글 **가**에서 반복되는 말이 <u>아닌</u> 것은 무엇인가요? (　　　　)

① 길섶으로　　　　　② 누구일까　　　　　③ 걷다 보면

④ 궁금하지요　　　　⑤ 피어 있지요

3

내용 이해

다음 중 생김새 때문에 붙여진 이름을 찾아 ○표 하세요.

꽝꽝나무	자작나무	도둑놈의갈고리

4

적용·창의

다음은 글 **가**에 나오는 패랭이꽃에 대해 조사한 내용입니다. 글 **나**에 덧붙여 패랭이꽃을 설명할 때 필요한 내용을 찾아 밑줄을 그으세요.

　　패랭이꽃은 6~8월에 피는데, 꽃이 가지 끝에 1개씩 달린다. 꽃잎은 5개이며 붉은 보라색이다. 꽃의 모양이 옛날 사람들이 쓰던 모자 중 하나인 패랭이를 뒤집은 것과 닮아서 패랭이꽃이라 불린다. 우리나라에는 흰패랭이꽃, 키가 작은 난쟁이패랭이꽃, 꽃 크기가 작고 줄기 끝에 여러 개가 빽빽하게 모여 달린 수염패랭이꽃, 바닷가에서 자라는 갯패랭이꽃 등이 있다.

가

우리나라의 공기 오염은 갈수록 심해지고 있다. 그래서 황사와 미세 먼지로 마스크를 써야 하는 날이 늘고 있다. 공기의 *질이 좋지 않은 날에는 집집마다 *공기 청정기를 틀기도 하지만, 공기 *정화 식물을 키우는 것도 도움이 된다.

공기 정화 식물은 실내 공기 속에 있는 오염 물질이나 유해 물질 등을 정화해 실내 환경을 좋게 만드는 식물이다. 따라서 집 안에서 공기 정화 식물을 키우면 집 안의 오염 물질을 (㉠)할 수 있다.

또, 공기 정화 식물을 키울 때 아이들에게 화분을 맡기고 키우게 하면 아이들에게 생명을 *존중하는 마음과 *책임감을 길러 줄 수 있다.

나

미국 항공 우주국(NASA)은 우주에서 완전히 밀폐된 우주선 안의 공기를 정화시키기 위한 방법을 연구했어요. 사람의 몸에 해로운 오염 물질이 있는 밀폐된 공간에 12개 정도의 식물을 넣어 두었더니 실내 공기 오염 물질들이 많이 (㉡)되었어요. 이때 공기 정화 효과가 있었던 식물에는 인도고무나무, 대나무야자, 아레카야자, 관음죽, 드라세나 자넷 크레이그가 있어요.

인도고무나무는 공기 중에 있는 *유독 가스를 잘 흡수하고 머리를 맑게 하는 효과가 있어요. 햇빛이 잘 들고 바람이 잘 통하는 곳에서 기르면 아주 잘 자라지요. 잎이 넓은 만큼 공기 정화 능력도 좋아요.

▲ 인도고무나무

▲ 아레카야자

▲ 드라세나 자넷 크레이그

5

글 **가**와 **나** 중에서 다음은 어떤 글에 대한 설명인지 글의 기호를 쓰세요.

(1) 공기 정화 효과가 있는 식물을 알려 주기 위해 사실을 중심으로 썼다.

(   )

(2) 실내에서 공기 정화 식물을 키우자는 자신의 생각을 까닭을 들어 썼다.

(   )

6

㉠과 ㉡에 공통으로 들어갈 낱말을 찾아 ○표 하세요.

> 제거   첨가   합성

7

글 **가**의 글쓴이와 같은 생각을 말한 친구의 이름을 쓰세요.

> 태현: 공기 정화 식물보다 공기 청정기가 더 효과가 좋으니까 공기 정화 식물을 귀
> 찮게 키울 필요는 없어.
> 유미: 공기 정화 식물을 키우면 집 안의 분위기도 밝아지고 공기도 좋아지니까 공
> 기 정화 식물을 키우면 좋을 것 같아.

(   )

8

글 **나**를 읽고 알 수 있는 내용으로 알맞은 것을 두 가지 고르세요. (   )

① 인도고무나무는 햇빛이 없어도 잘 자란다.
② 인도고무나무는 잎이 좁지만 공기 정화 능력은 좋다.
③ 대나무야자, 아레카야자, 관음죽은 공기 정화 식물이다.
④ 우주선 안의 공기는 항상 깨끗하니까 식물을 키울 필요가 없다.
⑤ 미국 항공 우주국에서는 우주선 안의 공기 정화 방법을 연구하였다.

❶	❷			❸
		❹		
❺				
		❻		❼

가로 →

❶ 종이에 인쇄를 하여 만든 돈.
예 천 원짜리 ○○.

❹ 마음에 흡족한 느낌.
예 성취감과 ○○○을 느낀다.

❺ 독성이 있음. 예 ○○ 가스.

❻ 영화를 만들기 위하여 장면, 행동, 대사 따위를 적어 놓은 글.
예 ○○○○ 읽고 대사를 외우다.

세로 ↓

❷ 못 쓰게 된 것을 버리다.
예 폐건전지를 함부로 ○○하지 마세요.

❸ 맡아서 해야 할 임무나 의무를 중히 여기는 마음.
예 형으로서 ○○○이 강하다.

❺ 해로움이 있음. 반 무해.

❼ 더러운 상태가 됨.
예 환경 ○○이 심각하다.

정답 및 해설 16쪽에서 확인하세요.

앗!

[정답 및 해설]이 어디 도망갔다고요?
길벗스쿨 홈페이지에 들어오세요.
도서 자료실에 딱 준비되어 있습니다!

기적의 독해력

실력편

정답 및 해설

2권

DAY 12~15쪽

1 농부	**2** ⑤	**3** 생선, 다섯	**4** (2) ○	**5** (3) ○
6 예서	**7** (2) ○			

어휘력 강화 **1** (1) 허락 (2) 사정 (3) 값 **2** ⑤
3 (3) ○

1 농부가 대감네 집 앞에서 생선 냄새를 맡은 일, 농부가 집으로 돌아간 일, 농부의 아들이 대감네 집 앞으로 간 일이 차례대로 나와 있습니다.

2 대감이 호통을 쳤다고 하였으므로 '화를 내며 말했어요.' 와 바꾸어 쓸 수 있습니다. '호통을 치다'는 몹시 화가 나서 크게 소리 지르거나 꾸짖는다는 뜻입니다.

3 농부가 집에 오기 전에 대감을 만나 겪은 일 중에서 억울한 부분이 잘 드러나게 정리해야 합니다. 농부는 대감네 집에서 나는 생선 냄새를 맡았다가 대감에게 다섯 냥을 주어야 하는 억울한 일을 당했습니다.

4 아버지의 억울한 사정을 듣고 아들이 나서서 해결한 것으로 보아, 아들은 지혜롭고 효성이 깊은 성격입니다. 대감은 농부에게 억지를 부려 돈을 얻으려고 한 것으로 보아, 심술궂고 욕심이 많은 성격입니다.

5 대감이 농부에게 생선 냄새를 맡은 값을 내라고 한 일 때문에 일어난 일을 정리해야 합니다. 농부의 아들은 아버지 대신 대감을 만나 엽전 소리를 들려주고 소리 들은 값을 내라고 했습니다.

6 이 글을 읽고 글의 내용에 어울리게 깨달은 점을 말한 사람은 예서입니다. 예서는 생선 냄새 맡은 값을 내라고 억지를 부리다 부끄러운 일이라는 것을 느끼게 된 대감과 관련하여 깨달은 점을 말했습니다.

7 이 글의 끝부분에서 대감이 아들의 말을 듣고 부끄러워했다는 내용이 나오므로 알맞은 것은 (2)입니다.

어휘력 강화

1 (1) **허락**: 청하는 일을 하도록 들어줌.
　(2) **사정**: 일의 형편이나 까닭.
　(3) **값**: 사고파는 물건에 일정하게 매겨진 액수.

2 '부끄럽다'와 '창피하다'는 뜻이 서로 비슷한 낱말입니다.

3 '얼굴을 들 수 없다'는 '창피하거나 부끄러워 남을 떳떳하게 대하지 못하다.'라는 뜻의 관용어로, '얼굴을 못 들다' 로 쓸 수도 있습니다.

 DAY 16~19쪽

1 ④	**2** 공통점	**3** ①, ④	**4** 주문	**5** ④	**6** 지석
7 ㉠, ㉯				

어휘력 강화 **1** (1) 외우는 (2) 천장 (3) 벽화
2 그림은 **3** (1) ○

1 이 글은 아주 오래전에 살던 사람들이 동굴 벽에 동물 그림을 그린 까닭에 대하여 설명하였습니다.

2 알타미라 동굴 벽화와 라스코 동굴 벽화에는 모두 동물 그림이 그려져 있다는 공통점이 있습니다.

3 아주 오래전에 살던 사람들은 사냥이 잘되기를 바라는 마음으로 동물 그림을 그렸고, 그 동물 그림을 사냥하는 법을 가르치는 데 쓰기도 했습니다.

4 앞부분의 내용을 살펴보면 알 수 있습니다. 아주 오래전에 살던 사람들은 그림을 그리고 나서 소원이 담긴 주문을 외우면, 그 내용대로 이루어진다고 믿었습니다. '주문' 은 '귀신을 쫓아내거나 신비한 일을 일으키기 위해 외우는 글귀.'라는 뜻입니다.

5 사냥은 동물을 잡는 일이고, 사냥을 할 때 다치거나 죽지 않기 위하여 잘 알아야 한다고 했으므로 ㉣에는 '동물'이 라는 낱말이 들어가야 알맞습니다.

6 글의 끝부분에서 우리나라에도 울산 반구대에 동물 그림이 그려져 있다고 했으므로 연주가 말한 내용은 알맞지 않습니다.

7 이 글에 동물 그림을 그려 사냥하는 법을 알려 주었다는 내용이 나오므로, 고래의 종류와 고래 잡는 방법을 알려 주기 위하여 그림을 그렸다는 것을 짐작할 수 있습니다.

어휘력 강화

1 (1) **외우다**: 글이나 말을 기억하여 두었다가 한 자도 틀리지 않게 그대로 말하다.
　(2) **천장**: 건물 안에서 볼 때 위쪽 부분.
　(3) **벽화**: 건물이나 동굴, 무덤 따위의 벽에 그린 그림.

2 '그리믄'은 소리 나는 대로 쓴 것이므로 '그림은'으로 고쳐 써야 합니다.

3 사냥을 나가기 전에 아버지가 아들에게 사냥을 잘해도 다칠 수 있다고 말했으므로 '원숭이도 나무에서 떨어진다'는 속담이 어울립니다.

1 쓰임   **2** ①   **3** ㉬   **4** ③   **5** ①, ③, ⑤   **6** (4) ○

7 ⑤

어휘력 강화   **1** (2) ×   **2** (1) 경치   (2) 사용해요

3 (2) ○

1 이 글은 말줄임표가 언제 쓰이는지에 대하여 설명하였으므로 글의 제목은 '말줄임표(⋯⋯)의 쓰임'이 알맞습니다.

2 문장이 끝났을 때 말줄임표를 사용한다는 내용은 나와 있지 않습니다. 문장이 끝났을 때에는 마침표(.)를 써야 합니다.

3 글 **1**에서 중요한 내용을 담고 있는 문장은 '이처럼 할 말을 다 하지 않고 줄였음을 나타낼 때에 말줄임표(⋯⋯)를 써요.'입니다.

4 남자아이는 책을 읽는 데 온 정신을 쏟느라 아빠의 말씀을 듣지 못했기 때문에 아무 대답도 하지 않았던 것입니다.

5 말줄임표를 어떤 경우에 쓰는지 생각해 보면 '줄임표', '생략표', '말없음표'가 다른 이름으로 알맞습니다.

6 요일 중에서 일부 내용을 생략한 것이므로 글의 일부 내용을 생략할 때에 속합니다.

7 준서가 발밑에 떨어져 있는 목걸이를 발견하고 한 말이므로 "왜 여기에 목걸이가 떨어져 있지?"가 알맞습니다.

어휘력 강화

1 '생략하다'는 '전체에서 일부를 줄이거나 빼다.'라는 뜻입니다. (2)는 '편지에 빠뜨린 내용이 있어서 끝부분에 덧붙여 썼다.' 등과 같이 고쳐 써야 합니다.

2 (1) 밑줄 친 '풍경'은 '산이나 들, 강, 바다 따위의 자연이나 지역의 모습.'이라는 뜻으로 '경치'와 뜻이 비슷합니다.
(2) 밑줄 친 '쓰다'는 '어떤 일을 하는 데에 재료나 도구, 수단을 이용하다.'라는 뜻으로 '사용하다'와 뜻이 비슷합니다.

3 그림 속 여자아이가 아름다운 풍경을 보고 매우 놀라워하며 좋아하고 있으므로 '입이 딱 벌어지다'라는 관용어가 어울립니다.

1 ㉬   **2** 예 만화책을 일주일에 한 시간만 보는 것이다.

3 ❹   **4** ㉯, ㉬   **5** (1) ○   **6** 원우   **7** (2) ○

어휘력 강화   **1** (1) 분야   (2) 스트레스   (3) 폭력적

2 ③   **3** (2) ○

1 선호는 엄마께 학습 만화를 마음껏 읽을 수 있게 해 달라고 편지를 썼습니다.

2 선호가 **1**에서 엄마께 죄송하다고 했고, **2**에서 약속했던 대로 만화책을 일주일에 한 시간만 보는 것은 너무 아쉽다고 했으므로 선호가 엄마와 약속했던 내용은 '만화책을 일주일에 한 시간만 보는 것'입니다.

3 **4**에서 선호는 학습 만화를 읽으면 어떤 점이 좋은지 자신의 경험을 들어 말했습니다.

4 만화 중에는 폭력적이고 거친 표현이 나오는 것도 있지만, 학습 만화는 좋은 점이 훨씬 많다고 했으므로 ㉮는 선호의 생각으로 알맞지 않습니다.

5 선호가 학습 만화를 읽으면서 그동안 공부하며 받았던 스트레스를 풀 수도 있었다고 했으므로 선호는 공부하면서 스트레스를 받기도 한다는 것을 짐작할 수 있습니다.

6 지현이는 자신의 생각과 그렇게 생각하는 까닭을 어울리게 말하지 못했습니다. '학습 만화는 재미있는 내용이 많아서 공부를 쉽게 할 수 있다.'는 내용은 학습 만화를 읽어도 좋다는 생각에 어울리는 까닭입니다.

7 엄마가 선호에게 학습 만화를 마음껏 읽을 수 있게 해 줄 수 없다는 내용을 쓰신 것이므로 빈칸에는 학습 만화를 읽으면 좋지 않은 점이 들어가야 알맞습니다.

어휘력 강화

1 (1) **분야**: 여러 갈래로 나누어진 범위나 부분.
(2) **스트레스**: 적응하기 어려운 환경에 처할 때 느끼는 심리적 · 신체적 긴장 상태.
(3) **폭력적**: 폭력을 사용하거나 폭력의 방법으로 하는 것.

2 '병'의 높임말은 '병환'입니다.

3 잘못을 한 선호가 엄마께 오히려 화를 낸 상황이므로 '적반하장(賊 도둑 적 反 돌이킬 반 荷 멜 하 杖 지팡이 장)'이 어울립니다.

1 (1) ○ (3) ○   2 ⑤   3 태오, 현진   4 (3) ○   5 ㉣
6 ④   7 (3) ○   8 (1) ○

1 주인은 선비를 처음 보았기 때문에 믿을 수 없었고, 선비가 낡고 초라한 옷을 입고 있었기 때문에 돈이 없을 수도 있다고 생각했습니다.

2 외상으로 먹는 게 아니라 맞돈 주고 먹는 줄 알았다는 내용이 나오는 것으로 보아, 외상과 뜻이 서로 반대되는 낱말이 어울리므로 ⑤가 가장 알맞습니다.

자세하게

'외상'은 '값은 나중에 치르기로 하고 물건을 사거나 파는 일.'을 뜻하고, '맞돈'은 '물건을 사고팔 때, 그 자리에서 즉시 치르는 물건값.'을 뜻합니다.

3 태오와 현진이는 돼지가 두부를 먹어 치우도록 내버려 둔 선비의 행동이 옳지 못하다고 생각하고 있습니다.

4 만약 주인이 인정 많은 성격이었다면 배고픈 선비에게 외상으로 두부를 주고 나중에 돈을 받았을 것입니다.

자세하게

(1) 두부를 먹어 치운 돼지를 마구 때리는 것은 주인의 성격이 고약하고 사나울 때에 어울리는 행동입니다. (2) 선비에게 두부를 주는 대신 많은 돈을 내라고 하는 것은 주인의 성격이 욕심 많고 정직하지 못할 때에 어울리는 행동입니다.

5 ㉣을 통해 편지를 쓴 사람이 '예나'라는 것을 알 수 있습니다. 편지는 '받는 사람 – 첫인사 – 전하고 싶은 말 – 끝인사 – 쓴 날짜 – 쓴 사람'의 차례대로 씁니다.

6 글 **가**와 **나**에는 모두 짝꿍을 학생들 마음대로 정해야 한다는 생각이 담겨 있습니다.

자세하게

글 **가**의 글쓴이는 함께 앉고 싶은 친구끼리 짝꿍을 정하는 게 좋다고 생각하고, 글 **나**의 글쓴이는 마음이 잘 맞는 친구와 짝꿍이 되는 게 좋다고 생각합니다.

7 짝꿍과 다툴 일이 별로 없고, 공부를 더 열심히 하게 된다는 것은 짝꿍을 학생들 마음대로 정했을 때의 좋은 점입니다.

8 (2)와 (3)은 짝꿍을 학생들 마음대로 정할 때의 좋지 않은 점입니다. 그러므로 글 **나**의 글쓴이와 반대되는 생각을 말할 때의 까닭으로 알맞습니다.

---

6 DAY 36~39쪽

1 시골길   2 ㉮   3 ①, ⑤   4 (1) 자동차 (2) 시골길
5 ①   6 주원   7 (1) 툭툭 (2) 풀풀

어휘력 강화   1 (1) 찬 (2) 고약했다 (3) 날리며
2 ①, ④, ⑤   3 (1) ○

1 자동차가 울퉁불퉁한 시골길을 달리다 생긴 일을 쓴 시이므로 '자동차'와 '시골길'이 중요한 낱말입니다.

2 시의 내용으로 알맞은 것을 찾아야 합니다. 자동차가 울퉁불퉁한 시골길을 달려 흙먼지가 날렸습니다.

3 시는 행과 연으로 이루어집니다. 행은 시의 한 줄 한 줄을 말하고, 연은 하나 이상의 행을 하나로 묶은 것을 말합니다. 이 시는 1연과 3연, 2연과 4연이 짝을 이루며, '~를 ~면서', '~는(은)', '에, 그 ~ 고약하군!'이 반복되고 있습니다.

4 ㉠과 ㉡의 바로 앞에 누가 말했는지 나와 있습니다. 자동차는 시골길에게 고약하다고 말했고, 시골길은 자동차에게 고약하다고 말했습니다.

5 자동차는 울퉁불퉁한 시골길이 고약하다며 원망했고, 시골길은 흙먼지를 일으키는 자동차가 고약하다며 서로를 원망했습니다.

6 이 시는 울퉁불퉁한 시골길에 대한 내용으로 자동차와 시골길이 서로를 원망하는 내용입니다. 주원이는 시의 내용과 관련이 없는 경험을 말했습니다.

7 '돌멩이를 툭툭 차다.', '흙먼지를 풀풀 날리다.'와 같이 쓰는 것이 자연스럽습니다. '툭툭'은 자꾸 발에 걸리거나 차이는 소리 또는 그 모양을, '풀풀'은 눈이나 먼지, 연기 등이 몹시 흩날리는 모양을 흉내 내는 말입니다.

어휘력 강화

1 (1) **차다**: 발로 내어 지르거나 받아 올리다.
  (2) **고요하다**: 조용하고 잠잠하다.
  (3) **날리다**: 공중에 띄워서 어떤 위치에서 다른 위치로 움직이게 하다.

2 '김밥'은 '김'과 '밥', '손수건'은 '손'과 '수건', '눈사람'은 '눈'과 '사람'이 만나서 이루어진 낱말입니다.

3 자동차는 길이 울퉁불퉁해서 흙먼지를 날린 것인데 시골길이 자신에게 고약하다고 말하는 것이 어이없다고 생각한 것이므로 '기가 차다'가 알맞습니다.

7 DAY

40~43쪽

1 맛조개 잡기   **2** ③   **3** ②   **4** ㉮ → ㉰ → ㉯ → ㉲
5 (3) ○   **6** (1) ㉮ (2) ㉯ (3) ㉰   **7** 서해안

어휘력 강화   **1** (1) 운영하신다 (2) 뿌듯했다 (3) 색다른

   2 (3) ○   **3** (1) ○

1 이 글은 여행을 다녀와서 쓴 기행문으로, 월하성 어촌 체험 마을에 가서 맛조개 잡기 체험을 한 일이 나타나 있습니다.

2 마침 물이 빠져 있어서 바로 갯벌로 들어갔다는 내용이 나오는 것으로 보아, 물이 빠져 있을 때에만 체험할 수 있다는 것을 알 수 있습니다.

3 호미, 갈고리, 장화 등은 갯벌 체험을 할 때 필요한 것이므로 '장비'가 알맞습니다.

4 맛조개를 잡으려면 갯벌을 걷어 내고 8자 모양 구멍을 찾아 소금을 넣은 뒤, 맛조개가 몸을 내밀 때 잡습니다.

5 조금 더 기다리면 맛조개가 몸을 더 많이 내밀므로 그때 잡으면 더 잡기 쉽기 때문에 잠깐 기다렸다가 잡으라고 하신 것입니다.

6 글쓴이가 월하성 어촌 체험 마을에 가서 한 일, 들은 것, 느낀 점 등을 구분해 봅니다.

7 글에 갯벌이 넓게 펼쳐진 곳이라는 것과 물이 빠져 있다는 내용이 있으므로 월하성 어촌 체험 마을은 서해안에 있을 것입니다.

어휘력 강화

1 (1) **운반하다**: 물건 등을 나르다.
   (2) **뿌듯하다**: 기쁨이나 감격이 마음에 가득 차서 벅차다.
   (3) **막다르다**: 더 나아갈 수 없도록 앞이 막혀 있다.

2 사람이 하는 말을 뜻하는 그림은 (3)입니다. (1)은 타는 말이고, (2)는 고누나 윷놀이를 할 때 말판 위에서 옮기는 물건인 말입니다.

3 아이가 맛조개를 잡고 자신을 칭찬하고 있는 모습이므로 '자화자찬(自 스스로 자 畫 그림 화 自 스스로 자 讚 칭찬할 찬)'이 어울립니다.

8 DAY

44~47쪽

1 ㉰   **2** 아기 생일에 수수팥떡을 해 주었다.   **3** ⑤
4 (3) ○   **5** (1) ○   **6** 맨드라미, 봉숭아 물   **7** 성빈

어휘력 강화   **1** (1) 능 (2) 관청 (3) 대궐

   2 (1) 가까이 (2) 나란히   **3** (1) ○

1 이 글은 우리 조상들이 귀신을 쫓기 위해 붉은색을 어떻게 이용했는지에 대해 예를 들어 설명하였습니다.

2 글 **1**에서 귀신을 쫓기 위해 동지에 팥죽을 끓여 먹고, 아기 생일에 수수팥떡을 해 주었다고 했습니다.

3 귀신이 붉은색을 보면 도망간다는 내용이 뒤에 나오므로 붉은색을 싫어한다는 내용이 알맞습니다.

4 글 **2**에서 홍살문은 지붕이 없다고 했고, 능이나 묘, 대궐, 관청 등의 입구에 귀신을 쫓기 위해 붉은색을 칠한 나무로 만든 문을 세워 놓았다고 했습니다.

5 전염병을 일으키는 귀신을 쫓기 위해 우물에 팥을 넣었다는 내용이므로 팥에 대해 설명한 글 **1**에서 덧붙이는 것이 알맞습니다.

6 붉은색을 이용하여 귀신을 쫓기 위해서 한 일이 무엇인지 정리해 봅니다.

7 홍살문에 진짜 화살을 매달아 놓았다는 내용은 글에 나오지 않으므로 성빈이가 한 말은 알맞지 않습니다.

어휘력 강화

1 '능', '관청', '대궐'의 뜻을 구별하여 알아 둡니다.

2 (1) **가까이**: 한 지점에서 거리가 조금 떨어져 있는 상태로.
   가벼이: 무게가 일반적이거나 기준이 되는 것보다 적게.
   (2) **나란히**: 여럿이 줄지어 늘어선 모양이 가지런한 상태로.
   요란히: 시끄럽고 떠들썩하게.

3 예전에는 동지에 대부분의 집이 팥죽을 해 먹었다는 내용이므로 '십중팔구(十 열 십 中 가운데 중 八 여덟 팔 九 아홉 구)'가 알맞습니다.

1 ㄹ 2 ① 3 둘째 4 (2) ○ (3) ○ 5 재영
6 달라 7 (2) ○

어휘력 강화 1 (1) 조상 (2) 풍속 (3) 예의 2 (2) ○
3 (1) ○

1 글쓴이의 생각은 '부모님께 높임말을 사용하자.'입니다. ㄹ에서 글쓴이의 생각을 강조하며 말하고 있습니다.

2 '거리감'은 사람과 사람 사이가 서먹서먹한 느낌을 말하므로 '거리감이 느껴진다'는 것은 '멀게 느껴진다.'는 뜻입니다.

3 부모님께 높임말을 사용해야 하는 까닭을 글 **2**에서 '첫째'라는 말로 시작하고 있으므로, 글 **3**의 시작은 '둘째'가 알맞습니다.

4 예사말을 사용하는 것보다 높임말을 사용하는 것이 더 쉽다는 내용은 이 글에 나오지 않습니다.

5 우리나라는 예로부터 동방예의지국이라고 불렸다고 했으므로 재영이의 짐작은 알맞지 않습니다.

6 부모님께 높임말을 사용하자는 글쓴이의 생각과 다르다고 생각하는 까닭이 뒤에 이어지고 있으므로 '달라'에 ○ 표를 해야 합니다.

7 글쓴이는 부모님께 예사말을 사용하는 어린이가 늘고 있다는 신문 기사를 읽고 문제라고 생각하여 부모님께 높임말을 사용하자는 생각을 담은 글을 썼을 것입니다.

어휘력 강화

1 '조상', '풍속', '동방예의지국'의 낱말 뜻을 다시 한번 익혀 봅니다.

2 (1) **잃다**: 가졌던 물건이 자신도 모르게 없어져 그것을 아주 갖지 아니하게 되다.
  (2) **잊다**: 기억해야 할 것을 한순간 미처 생각해 내지 못하다.

3 부모님께 높임말을 쓰는 일이 어렵지 않다는 뜻이 되어야 하므로 '누워서 떡 먹기'가 알맞습니다.

1 (1) 부러뜨렸기 (2) 웃고 2 ④ 3 나하고 싸운
4 채민 5 (1) **나** (2) **가** 6 올린 7 미란
8 (3) ○

1 글 **가**에서 '나'는 동생 현지가 '내' 연필을 벌써 세 번이나 부러뜨렸기 때문에 화가 나서 현지에게 소리를 질렀습니다. 글 **나**에서 '나'는 '나'와 싸운 '그 아이'가 자기네 집 장미꽃 울타리에서 '나'를 보고 웃고 있었기 때문에 화해하고 싶은 마음이 들어 쑥스럽지만 번쩍 손을 들어 보인 것입니다.

2 ㉠에는 망설이는 마음이 담겨 있습니다. ㉮에는 궁금한 마음, ㉯에는 망설이는 마음, ㉰에는 부끄러운 마음이 담겨 있습니다.

3 글 **나**의 처음에 '나하고 싸운 아이'라는 내용이 나옵니다.

4 글 **가**와 **나**는 모두 누군가와 싸운 일에 대해 쓴 글로, 채민이는 글의 내용과 비슷한 경험을 떠올려 말했습니다. 글 **가**와 **나**에 나오는 '나'는 모두 싸운 일이 신경 쓰여 상대방과 화해하고 싶어 하고 있으므로 소윤이의 말은 알맞지 않습니다. 글 **가**에 나오는 동생은 연필을 부러뜨린 것을 미안해하고 있으므로 동하의 말도 알맞지 않습니다.

5 글 **가**는 봉선화에 대해 설명하는 글로, 봉선화라는 이름이 붙여진 까닭이 나타나 있습니다. 글 **나**는 봉숭아 물을 들이는 방법을 순서대로 설명한 글입니다.

6 ㉠에는 '무엇 위에 놓이게 하다.'라는 뜻을 가진 '올리다'가 알맞습니다. '칠하다'는 '물체의 겉면에 어떤 액체나 물감을 바르다.', '부치다'는 '편지나 물건 따위를 일정한 수단이나 방법을 써서 상대에게로 보내다.', '부채 따위를 흔들어서 바람을 일으키다.'라는 뜻입니다.

7 글 **가**에서 봉선화는 꽃이 6월 이후에 핀다고 했으므로 초여름부터 봉숭아 물 들이기를 할 수 있었을 것입니다.

8 손톱 주위까지 봉숭아 물이 붉게 물들어 있기 때문에 손톱 주위에 밀가루를 붙이지 않았거나 로션 또는 크림을 바르지 않았다고 짐작할 수 있으므로 (3)과 같이 말할 수 있습니다.

1 연못가   **2** (2) ○   **3** (3) ○   **4** 개구리, 공원   **5** ③
6 재현   **7** (2) ○

어휘력 강화   **1** (1) 축   (2) 대충   (3) 막상   **2** 않았어요
3 (1) ○

1 찬기가 집에 오자마자 채집통에 연못 물과 돌을 넣고 연못가에서 잡은 개구리를 넣었다고 했습니다.

2 (1)은 연못 물이 없으므로 알맞지 않습니다. (3)은 개구리의 등에 검은색 무늬가 없으므로 알맞지 않습니다.

3 (1)~(3)은 모두 '빠지다'라는 낱말의 뜻으로, (1)은 '책상 다리에서 못이 빠지다.', (2)는 '빨래를 해서 옷깃의 때가 쏙 빠지다.'와 같이 쓸 수 있습니다. 이처럼 낱말의 뜻이 여러 개인 경우에는 문장의 앞뒤 내용을 살펴보고 정확한 낱말의 뜻을 알아보아야 합니다.

4 일요일에 있었던 일을 차례대로 정리해야 하므로 개구리가 죽어서 공원에 가서 땅에 묻어 주었다는 내용을 써야 합니다.

5 엄마께서는 '나'에게 개구리를 놔주자고 말씀하셨기 때문에 엄마가 부럽다거나 고맙다는 마음은 들지 않았을 것입니다.

6 개구리를 기르려고 잡아 왔다가 제대로 보살피지도 못하고 죽게 하였다는 이 글의 내용에 어울리는 교훈을 말한 친구는 재현이입니다.

7 엄마는 찬기가 개구리를 제대로 키울 수 없을 것이라고 생각하시기 때문에 걱정스러운 표정으로 말하는 것이 어울립니다.

어휘력 강화

1 (1) **축**: 물건 따위가 아래로 늘어지거나 처진 모양.
   (2) **대충**: 어느 정도로 적당히.
   (3) **막상**: 어떤 일에 실지로 이르러.

2 '실망하지 못했어요.'가 아니라 '실망하지 않았어요.'가 자연스럽습니다.

3 내일이 개학인데 방학 숙제를 다 하지 못한 상황이므로 빈칸에는 '어찌할 바를 몰라 아득하다.'라는 뜻을 가진 관용어인 '눈앞이 캄캄하다'가 들어가야 알맞습니다.

1 물, 종류   **2** ③   **3** ④   **4** (2) ○   **5** ①   **6** 예지
7 핸드볼

어휘력 강화   **1** (1) 공중   (2) 설치   (3) 승부
2 (1) 은   (2) 를   **3** (1) ○

1 이 글은 물에서 하는 스포츠의 종류를 설명한 글로, 싱크로나이즈드 스위밍, 다이빙, 수구에 대하여 설명하였습니다.

2 싱크로나이즈드 스위밍과 다이빙에서 심판에게 높은 점수를 받을 수 있는 방법을 설명한 것으로 보아, 둘 다 심판이 점수를 매긴다는 것을 알 수 있습니다.

3 몸이 물에 닿을 때는 물속으로 들어갈 때를 말합니다.

4 몸이 물에 닿을 때 물이 적게 튀어야 심판에게 높은 점수를 받을 수 있다고 했으므로 물이 많이 튄 (1)의 선수는 (2)의 선수보다 더 낮은 점수를 받을 것입니다.

5 8분씩 네 번으로 나누어 경기를 한다고 했으므로 8분 동안 한 번만 경기를 한다는 내용은 알맞지 않습니다.

6 앞부분에서 계속 물에서 하는 스포츠의 종류를 설명했으므로 땅에서 하는 마라톤에 대한 내용은 어울리지 않습니다.

7 골키퍼가 있는 골대에 손으로 공을 넣는 핸드볼이 수구와 비슷하므로 수구를 '물속의 핸드볼'이라고 부르는 것이 알맞습니다.

어휘력 강화

1 (1) **공중**: 하늘과 땅 사이의 빈 공간.
   (2) **설치하다**: 기구, 장치 따위를 만들거나 제자리에 맞게 놓다.
      설득하다: 상대방이 그 말을 따르거나 이해하도록 잘 설명하거나 타이르다.
   (3) **승부**: 이김과 짐.
      승리: 전쟁이나 경기 등에서 이김.

2 '짝꿍은 숙제를 하느라 바빴다.'와 '친구와 머리를 맞대고 수수께끼를 풀었다.'가 자연스럽습니다.

3 수구 경기를 아직 해 보지도 않고 자기네 팀이 이길 거라고 말하는 선수에게 하는 말이므로 '길고 짧은 것은 대어 보아야 안다'가 알맞습니다.

13 DAY

1 자연, 발명품 **2** (1) ⊕ ○ (2) ⊕ ○ **3** (3) ○
4 초고속 **5** ⑤ **6** (1) 거미줄 (2) 풀 (3) 방수 **7** ㉮

어휘력 강화 **1** (1) ⊕ (2) ㉮ (3) ㉲ **2** 왜냐하면
3 (1) ○

1 이 글은 자연에서 얻은 발명품의 예를 설명하는 글이므로, 중요한 낱말은 '자연'과 '발명품'입니다.

2 ㉠과 ㉡의 앞에 나온 내용에서 찾아봅니다. 상처를 꿰매는 실은 얇고 가볍지만 쉽게 끊어지지 않는 거미줄의 성질을 이용해서 만들었고, 방수 페인트는 연꽃의 잎에 있는 작은 돌기들 때문에 물이 떨어지면서 먼지를 밀어내는 성질을 이용해서 만들었습니다.

3 홍합의 접착제에 들어 있는 성분을 이용해서 만든 풀 덕분에 실 없이 상처를 붙일 수 있다고 했습니다.

4 '초강력'과 '초고속'에 쓰인 '초'는 '어떤 범위를 넘어선' 또는 '정도가 심한'의 뜻을 더하는 말입니다. '초저녁'과 '초겨울'에 쓰인 '초'는 '처음' 또는 '초기'의 뜻을 더하는 말입니다.

5 방수 페인트는 항상 깨끗함을 유지하는 연꽃 잎의 원리를 이용해서 만든 것이므로 ㉢에는 쉽게 더러워지지 않는다는 내용이 들어가야 알맞습니다.

6 자연을 보고 만든 발명품에는 '거미줄을 보고 만든 상처를 꿰매는 실', '홍합을 보고 만든 상처를 붙이는 풀', '연꽃의 잎을 보고 만든 방수 페인트'가 있다는 내용을 정리해야 합니다.

7 자연을 보고 만든 발명품이 아닌 것을 찾아봅니다. 색종이로 사마귀 접는 방법을 만들어 낸 것은 발명을 한 게 아닙니다.

어휘력 강화

1 각 낱말의 뜻을 구분해 봅니다.

2 '왜냐하면'은 '～ 때문이에요.'와 서로 짝을 이루는 표현입니다.

3 빈칸에는 돈을 헤프게 쓴다는 뜻의 관용어가 들어가야 하므로 '물 쓰듯 하면'이 알맞습니다.

14 DAY

1 ⊕ **2** 예 보금자리를 찾고 있다. **3** (2) ○ **4** ③
5 ① **6** 의찬 **7** (3) ○

어휘력 강화 **1** (1) 삶 (2) 보금자리 (3) 벌목 **2** ⊕
3 (2) ○

1 광고는 보는 이에게 어떤 생각을 전하기 위해 만든 것으로 글, 그림, 사진 등을 이용하여 생각을 드러냅니다. 이 광고는 벌목으로 보금자리를 잃은 사슴벌레를 보여 주어 벌목하지 말자는 생각을 더 잘 드러내고 있습니다.

2 사람들의 벌목으로 집(보금자리)을 잃은 사슴벌레가 지도를 들고 집을 찾고 있습니다.

3 ㉠에 쓰인 '맞다'는 '어떤 대상의 내용, 정체 따위의 무엇임이 틀림이 없다.'라는 뜻으로 (2)가 같은 뜻으로 쓰였습니다. (1)의 '맞다'는 '외부로부터 어떤 힘이 가해져 몸에 해를 입다.'라는 뜻입니다.

4 동식물이 보금자리를 잃게 되는 까닭에 어울리는 내용이 되어야 하므로 '낭비되는'이 알맞습니다.

5 벌목으로 보금자리를 잃은 사슴벌레를 보여 주며 벌목하지 말자는 생각을 말하고 있습니다.

6 벌목으로 피해를 받는 동물들에 대하여 나눈 대화이므로 의찬이가 한 말은 어울리지 않습니다.

7 동식물이 살아가는 보금자리를 지켜 주자는 이 광고의 주제가 잘 드러나 있는 표어는 (3)입니다.

어휘력 강화

1 (1) **삶**: 사는 일. 또는 살아 있음.
   (2) **보금자리**: 지내기에 매우 포근하고 아늑한 곳을 비유적으로 이르는 말.
   (3) **벌목**: 숲의 나무를 베어 내는 것.

2 ㉮는 '호랑나비가∨꽃에∨사뿐히∨앉았다.'가 알맞고, ⊕는 '우리가∨그들의∨자리를∨지켜야∨한다.'가 알맞습니다.

3 사람이 한 일의 결과를 사람이 겪고 있는 상황이므로 '자업자득(自 스스로 자 業 업 업 自 스스로 자 得 얻을 득)'이 알맞습니다.

1 정보를 얻으려고 **2** 약을 함부로 버리면 땅과 물이 오염된다. **3** (2) ○ **4** (2) × **5** 스마트폰
6 (1) ○ **7** 구두쇠 **8** (1) ④ (2) ㉮

1 글 **가** 에서 엄마는 먹다 남은 약을 어떻게 버려야 할지 알 아봐야겠다고 말씀하셨으므로 폐의약품 배출 방법에 대 한 정보를 얻으려고 글 **나** 를 읽은 것입니다.

> **자세하게**
> 글 **가** 는 생활문이고, 글 **나** 는 폐의약품을 어떻게 배출해 야 하는지에 대하여 안내하는 글입니다.

2 글 **가** 에서 엄마가 물약을 싱크대에 버리려고 하시자, '나'는 엄마께 약을 함부로 버리면 땅과 물이 오염된다고 말했습니다.

3 ㉠처럼 '먹다'가 '음식 따위를 입을 통하여 배 속에 들여 보내다.'의 뜻으로 쓰인 것은 (2)입니다. (1)은 '일정한 나 이에 이르거나 나이를 더하다.'라는 뜻, (3)은 '어떤 마음 이나 감정을 품다.'라는 뜻으로 쓰였습니다.

4 연고와 같이 특수 용기에 담겨 있는 약은 용기 그대로 버 리라고 했으므로 (2)는 알맞지 않습니다.

> **자세하게**
> 그림 속 해열제와 설사약은 물약 형태이므로, 새지 않도 록 한 병에 모아서 버려야 합니다. 소화제와 감기약은 포 장된 비닐이나 종이 등을 제거하고 밀폐되는 비닐에 모 아서 버려야 합니다.

5 이 광고는 자린고비 이야기를 이용해서 스마트폰 사용을 줄이자는 생각을 전하고 있습니다.

6 우리나라의 스마트폰 사용량이 전 세계에서 1위라고 했 습니다.

7 돈을 지나치게 아끼는 사람에게 어울리는 별명은 '구두 쇠'입니다.

8 (1)의 나영이는 스마트폰으로 할 수 있는 일이 많다고 했 으므로 스마트폰 사용에 대한 긍정적인 내용이 이어져야 하고, (2)의 미란이는 스마트폰 사용량이 너무 많다고 했 으므로 스마트폰 사용에 대한 부정적인 내용이 이어져야 합니다.

1 ④ **2** ④ **3** 나무가 (무슨 말로) 불러서
4 **1** . **2** / **3** . **4** **5** ③ **6** 나리 **7** (2) ×

> **어휘력 강화** **1** (1) 불렀다 (2) 파닥이며 (3) 힘차게
> **2** 나무 **3** (2) ○

1 시의 내용을 대표하는 것이어야 하므로 '나무와 새'가 알 맞습니다.

2 새가 날아와 나뭇가지에 앉고 날개를 파닥이다가 노래를 불렀다는 내용이므로 새가 날아와 나무에 앉아 지저귀는 모습을 보고 시를 썼을 것입니다.

3 말하는 이는 새가 날아와 나뭇가지에 앉은 까닭이 나무 가 무슨 말로 새를 불렀기 때문이라고 생각합니다.

4 **1** 과 **2** 는 '나무가 무슨 말로 새를 불렀길래 새가 날아 와 앉았을까?'라는 내용이고, **3** 과 **4** 는 '나무가 새에게 어떻게 했길래 새가 노래를 부를까?'라는 내용입니다.

5 나무와 새의 다정한 모습이 잘 드러난 시입니다.

6 윤서와 범준이는 시의 내용과 관련 없는 말을 했습니다. '짹재그르 짹재그르'는 새의 노랫소리를 흉내 내는 말로, 흉내 내는 말은 시를 더 재미있고 실감 나게 해 주는 역 할을 합니다.

7 새가 나무에 날아와 앉게 했을 말과 새가 기분 좋게 노래 를 부르게 했을 행동은 무엇일지 찾아야 합니다. 나무가 새에게 조용히 쉬고 싶다고 말했다면 새가 힘차게 날아 와 나뭇가지에 앉지는 않았을 것입니다.

> **어휘력 강화**

1 (1) **부르다**: 말이나 행동 등으로 다른 사람의 주의를 끌거 나 오라고 하다.
  (2) **속닥이다**: 남이 알아듣지 못하도록 작은 목소리로 은 밀하게 이야기하다.
  (3) **힘차다**: 힘이 있고 씩씩하다.
   알차다: 속이 꽉 차 있거나 내용이 아주 실속이 있다.

2 '소나무', '은행나무', '자작나무'는 모두 나무의 종류로, '나무'에 포함되는 낱말입니다.

3 새들이 찾아오게 하는 넉넉한 마음씨를 가진 나무 이야 기에 어울리는 속담은 '물이 깊어야 고기가 모인다'입 니다.

1 석주명   2 ㉰   3 (3) ○   4 ③   5 (2) ○   6 민서
7 파브르

어휘력 강화   1 (1) 밝혀냈다   (2) 바로잡았다   (3) 낙농업
2 (1) 정리할 것이다   (2) 부탁했다
3 (1) ○

1 이 글은 훌륭한 일을 한 인물이 살아 온 과정, 업적 등을 쓴 전기문으로, 나비 박사 석주명에 대해 쓴 글입니다.

2 석주명이 일본 대학에 다닐 때 선생님의 말씀을 듣고 나비 연구를 하게 되었다는 내용이 나오므로 '석주명이 나비 연구를 하게 된 까닭'을 알 수 있습니다.

3 교장 선생님의 말씀을 듣고 낙농업을 연구해 농민들을 잘살게 해 주고 싶다고 했으므로 (3)의 내용이 알맞습니다.

4 이름은 널리 알려졌다는 것은 유명해졌다는 것을 말합니다.

5 석주명은 1908년 평양에서 태어났으며, 영국 왕립 아시아 학회의 부탁을 받아 『조선산 나비 총목록』을 썼습니다.

6 석주명은 『조선산 나비 총목록』을 써서 유명해졌지만, 이름이 널리 알려지는 것에 큰 관심이 없었고 오로지 새로운 나비를 찾는 데만 힘을 쏟았다고 했으므로 민서의 말은 알맞지 않습니다.

7 평생 곤충을 관찰하고 연구하여 책을 쓴 파브르가 석주명과 비슷한 업적을 남긴 인물이라고 할 수 있습니다.

어휘력 강화

1 (1) **밝혀내다**: 진리, 가치, 옳고 그름 따위를 판단하여 드러내다.
물어내다: 남에게 준 피해를 돈으로 갚아 주거나 본래의 상태로 해 주다.
(2) **사로잡다**: 생각이나 마음을 온통 한곳으로 쏠리게 하다.
(3) **건축업**: 집이나 건물, 다리 등을 설계하여 짓는 일을 전문으로 하는 직업이나 사업.

2 (1)에서 '내일'은 앞으로 일어날 일을 말하는 것이므로 '정리할 것이다'가 알맞고, (2)에서 '어제'는 이미 일어난 일을 말하는 것이므로 '부탁했다'가 알맞습니다.

3 석주명이 재주와 능력이 많았다는 내용이므로 '다재다능(多 많을 다 才 재주 재 多 많을 다 能 능할 능)'이 알맞습니다.

1 교통수단, 변화   2 (1) 뗏목   (2) 수레
(3) 배, 자동차, 비행기   3 ④   4 (2) ○   5 ㉰
6 (1) 예 지역이 골고루 발전할 수 있는 기회가 생겼다.
(2) 교통사고   7 지구촌

어휘력 강화   1 (1) 혼잡   (2) 원료   (3) 연료   2 (2) ○
3 (2) ○

1 교통수단의 발달로 우리 생활에 어떤 변화가 일어났는지에 대해 설명한 글입니다.

2 수레는 말이나 소가 끌기 때문에 동물의 힘을 이용한 것이고, 뗏목은 물의 흐름을 이용했기 때문에 자연의 힘을 이용한 것입니다. 배, 자동차, 비행기는 연료 장치로 움직이게 만들어졌습니다.

3 '매일'은 '하루하루마다.'라는 뜻이므로 '날마다'와 바꾸어 쓸 수 있습니다.

4 교통수단이 발달해서 좋은 점만 있는 것은 아니라고 했으므로 나쁜 점도 있다는 뜻입니다.

5 교통수단의 발달로 사람들이 가까운 거리도 교통수단을 이용하여 많이 걷지 않아서 운동 부족이 되었을 것입니다.

6 글 **2**와 **3**에는 교통수단이 발달하여 좋은 점, 글 **4**에는 교통수단이 발달하여 나쁜 점이 나와 있습니다.

7 교통수단의 발달로 전 세계가 가까워졌기 때문에 '지구촌'이라는 말도 생겨났을 것입니다.

어휘력 강화

1 (3) **연료**: 열, 빛, 기계를 움직이는 에너지를 얻으려고 태우는 물질을 통틀어 이르는 말. 석탄, 연탄, 장작, 숯, 휘발유, 도시가스 등을 말함.

2 **보기**와 같이 '일정한 거리를 두고 있다.'의 뜻으로 쓰인 것은 (2)입니다. (1)은 '위에서 아래로 내려지다.'의 뜻으로 쓰였습니다.

3 당연히 해야 할 일을 한 것 뿐이니 지나치게 칭찬하지 말아 달라는 뜻이 되어야 하므로 '비행기 태우다'가 알맞습니다.

1 안전 수칙, 사고 **2** ㉯ **3** ② **4** 닳아 **5** ㉢
6 혜성 **7** 성규

어휘력 강화 **1** (1) 무리 (2) 직후 (3) 자신했다
2 (1) ㉰ (2) ㉠ (3) ㉯ **3** (3) ○

1 물놀이 사고를 줄이기 위해서 지켜야 하는 안전 수칙을 알려 주는 글입니다.

2 물놀이 용품을 많이 준비하는 것이 중요한 게 아니라 물놀이 용품이 안전한지 확인하는 것이 중요합니다.

3 끊이지 않는다는 것은 계속 일어난다는 뜻입니다.

4 '물건을 오래 써서 두께, 크기, 길이가 조금씩 줄다.'라는 뜻의 '닳다'가 쓰여야 하므로 '닳아'로 고쳐 써야 합니다.

자세하게
〈'닳다'가 쓰이는 문장의 예〉
• 구두를 오래 신었더니 굽이 다 닳았다.
• 연필심이 다 닳아서 연필깎이로 연필을 다시 깎았다.

5 몸에 물을 적시는 순서를 설명하고 있으므로 ㉢ 뒤에 들어가는 것이 알맞습니다.

6 글쓴이는 물놀이 사고를 줄이기 위해 안전 수칙을 지켜야 한다는 생각을 말했지만, 혜성이는 아예 물놀이를 하지 말아야 한다는 생각을 말했습니다.

7 준비 운동을 한 뒤에 물에 들어가야 하므로 적절한 운동으로 땀을 뺀 성규는 물놀이를 해도 되는 상황입니다. 주은이처럼 배가 몹시 고플 때, 해진이처럼 몸 상태가 좋지 않을 때, 호준이처럼 식사 직후에는 수영을 하지 않는 것이 좋습니다.

어휘력 강화

1 (1) **무례**: 태도나 말에 예의가 없음.
　(2) **최후**: 맨 마지막.
　(3) **자신하다**: 스스로 굳게 믿다.
　　자리하다: 일정한 공간을 차지하다.

2 (1)은 '사람의 배', (2)는 '타는 배,' (3)은 '먹는 배'의 뜻으로 쓰였습니다.

3 '배가 등에 붙다'는 '먹은 것이 없어서 배가 홀쭉하고 몹시 허기지다.'라는 뜻을 가진 관용어입니다.

1 가 **2** ⑤ **3** (1) ○ (2) ○ **4** 도준 **5** 생김새
6 (3) ○ **7** ㉰ **8** (3) ○

1 글 **가** 는 독서 감상문이기 때문에 '책을 읽은 까닭 – 책의 내용 – 책을 읽고 생각하거나 느낀 점'이 차례대로 나와 있습니다.

자세하게
글 **나** 는 실제로 살았던 사람에 대해 쓴 전기문이므로 인물의 업적이 시대순으로 나타나 있습니다.

2 권기옥은 우리나라 최초의 여성 비행사가 되었습니다. 이태영은 우리나라 최초로 여자 법과 대학생이 되었고, 우리나라 최초로 여성 변호사가 되었습니다.

3 권기옥이 여자라는 이유로 학교에 겨우 다닐 수 있었고, 이태영이 여성이라는 이유로 판사의 꿈을 접고 변호사로 억울한 여성을 위해 일한 것으로 보아, 그 당시 남자와 여자를 차별했음을 알 수 있습니다. 또 권기옥이 독립운동을 했고, 이태영의 남편이 해방이 되어 감옥에서 풀려난 것으로 보아, 일본에 나라를 빼앗겼음을 알 수 있습니다.

4 권기옥과 이태영이 가족을 중요하게 생각했다는 것과 유명해지고 싶어서 다른 남성이 하지 않은 일을 했다는 것은 이 글을 읽고 알 수 있는 내용이 아닙니다.

5 '겉모양'은 '겉으로 보이는 모양.'이라는 뜻이므로 '생김새'와 뜻이 비슷하여 바꾸어 쓸 수 있습니다.

6 글 **가** 에서 독버섯을 구별하는 방법을 설명하면서 꼭 그런 것은 아니니까 겉모양만 보고 판단하지 말라고 했으므로 (3)이 버섯에 대한 잘못된 상식에 해당합니다.

7 어떤 버섯을 먹었는지 확인해서 치료법을 찾으려고 하는 것임을 짐작할 수 있습니다.

8 버섯의 겉모양만 보거나 은수저를 이용해서 독버섯인지 판단할 수 없으므로 농가에서 키운 버섯만 먹는 것이 가장 안전하다고 했습니다. 따라서 안전하게 먹을 수 있는 버섯은 (3)입니다.

1 교문 2 (3) ○ 3 ㉰ 4 ④ 5 ㉯ 6 철민
7 (2) ○

어휘력 강화 1 (1) 우물쭈물 (2) 당황한 (3) 꼼지락거리다
2 하셨어 3 (2) ○

1 해영이는 교문을 들어섰을 때 실내화를 깜빡하고 집에 두고 온 걸 깨달았습니다.

2 해영이와 재윤이는 같은 반 친구 사이입니다.

3 해영이는 재윤이가 실내화를 가져오지 않았을 때 재윤이를 놀렸기 때문에 재윤이도 똑같이 실내화를 두고 온 자신을 놀릴까 봐 걱정이 되어 재윤이에게 사실대로 말하지 못하고 당황했을 것입니다.

4 ④는 어제 있었던 일입니다. 시간의 흐름에 따라 일이 일어난 차례를 정리해 봅니다.

5 자신을 놀렸던 해영이를 위해 손님용 슬리퍼를 가져다준 것으로 보아, 재윤이는 마음이 넉넉하고 따뜻한 친구입니다.

6 해영이가 한 행동에 어울리는 말을 한 친구는 철민이입니다.

7 재윤이를 놀렸던 일에 대하여 사과하고 고마운 마음을 담아 쪽지를 쓰는 것이 알맞습니다.

어휘력 강화

1 (1) **우물쭈물**: 행동 따위를 분명하게 하지 못하고 자꾸 망설이며 몹시 흐리멍덩하게 하는 모양.
(2) **당황하다**: 놀라거나 다급하여 어찌할 바를 모르다.
(3) **투덜거리다**: 남이 알아듣기 어려울 정도의 낮은 목소리로 자꾸 불평을 하다.

2 선생님께 높임 표현을 써야 하므로 '했어'를 '하셨어'로 고쳐 써야 합니다.

3 해영이는 학교에 늦게 온 것에 겹치어 실내화를 집에 두고 왔으므로, '엎친 데 덮치다'가 알맞습니다.

---

1 ④ 2 ④ 3 (2) ○ 4 ㉯ 5 (3) ○
6 ㉮ → ㉱ → ㉰ → ㉯ 7 (1) ○

어휘력 강화 1 (1) 농담 (2) 소개 (3) 궁중
2 (1) 흉년 (2) 다르다 3 (1) ○

1 만우절에 대하여 설명하는 글이므로 제목에 들어갈 낱말로 가장 알맞은 것은 '만우절'입니다.

2 ㉠의 뒷부분에서 설명하는 내용이 만우절이 어떻게 시작되었는지에 대한 것이므로 ④가 알맞습니다.

3 ㉡은 '남의 잘못을 알고도 모르는 체하다.'라는 뜻으로 쓰였습니다.

4 만우절은 프랑스 왕이 새해의 첫날을 3월 25일에서 1월 1일로 바꾼 일에서부터 시작되었습니다.

5 우리 조상들은 풍년을 매우 중요하게 생각했기 때문에 첫눈이 많이 와 다음 해에 풍년이 들 것 같으면 기쁜 마음에 임금님께 가벼운 거짓말을 해도 이를 눈감아 주었을 것입니다.

6 각 문단에서 설명한 중요한 내용을 찾아 간추린 뒤에 순서대로 정리하여 봅니다.

7 만우절이라고 해도 너무 심한 거짓말이나 장난을 하면 안 되고 가벼운 농담 정도만 하자고 했으므로 (1)이 알맞습니다.

어휘력 강화

1 (1) **농담**: 실없이 놀리거나 장난으로 하는 말.
(2) **소개하다**: 잘 알려지지 아니하였거나, 모르는 사실이나 내용을 잘 알도록 설명하다.
(3) **궁중**: 대궐 안.

2 '풍년'은 '곡식이 잘 자라고 잘 여물어 평년보다 수확이 많은 해.'를 뜻하는 말로, '흉년'과 뜻이 서로 반대되는 낱말입니다. '같다'는 '다르지 않다.'라는 뜻으로, '다르다'와 뜻이 서로 반대되는 낱말입니다.

3 만우절에 가벼운 거짓말을 하는 것은 분위기를 부드럽게 만들어 준다는 내용이 자연스러우므로 '화기애애(和 화목할 화 氣 기운 기 靄 구름 피어오를 애 靄 구름 피어오를 애)'가 알맞습니다.

1 안전 **2** ④ **3** 폭발 **4** ② **5** (1) ○ **6** 현성
7 (3) ○

어휘력 강화 **1** (1) 유해 (2) 수분 (3) 밀폐 **2** ②
3 (1) ○

1 전자레인지를 안전하게 사용할 수 있도록 전자레인지 사용 방법에 대하여 쓴 글입니다.

2 전자레인지 안에 넣었을 때 불꽃이 일어날 수 있는 것은 금속으로 된 용기나 알루미늄 포일입니다.

3 '불이 일어나며 갑작스럽게 터짐.'이라는 뜻을 가진 낱말은 '폭팔'이 아니라 '폭발'이라고 써야 합니다.

4 과일, 달걀, 껍질이 있는 것 등 전자레인지에 넣으면 안 되는 음식에 대하여 알려 주고 있으므로 ⓒ에는 '음식'이 들어가야 알맞습니다.

5 이 글은 정보를 알려 주기 위하여 쓴 안내문이기 때문에 '사실'을 중심으로 하여 쓴 글에 속합니다.

6 수분이 많은 과일이나 달걀, 옥수수와 같이 껍질이 있는 음식은 터질 수 있으므로 전자레인지에 넣으면 안 된다고 했습니다.

7 (1)은 식품을 조리하거나 식품 용기를 잡을 때에 뜨거운 물에 데지 않도록 조심하라는 표시이고, (2)는 용기의 뚜껑을 제거한 뒤에 끓는 물을 붓고 전자레인지에 넣어 2분 동안 조리하라는 표시입니다.

어휘력 강화

1 (1) **유해**: 해로움이 있음.
(2) **수분**: 물기. 축축한 물의 기운.
섭취하다: 생물체가 양분 따위를 몸속에 빨아들이다.
(3) **밀폐되다**: 샐 틈이 없이 꼭 막히거나 닫히다.

2 '유리병', '꽃병', '물병'이라는 낱말이 되어야 알맞으므로, 빈칸에 공통으로 들어갈 말은 '병'입니다. 모두 낱말과 낱말이 만나서 이루어진 낱말입니다.

3 (1)은 아는 길도 다시 한번 물어서 갈 정도로 조심하라는 뜻의 속담입니다. 아무리 잘 알고 있는 일이라도 한 번 더 확인하고 세심하게 주의를 기울이라는 말입니다.

1 아침 운동 시간 **2** 교장 선생님 **3** ③ **4** (2) ○
5 ④, ⑤ **6** (3) ○ **7** (3) ○

어휘력 강화 **1** (1) 몸 (2) 질서 (3) 잡지 **2** ①, ②, ④
3 (1) ○

1 학교에서 아침 운동을 할 수 있도록 아침 운동 시간을 만들어 달라고 제안하는 글입니다.

2 학교에 아침 운동 시간을 만들 수 있는 사람에게 제안해야 하므로 교장 선생님이 알맞습니다.

3 집에서 운동을 할 필요가 없다는 내용은 이 글에 나와 있지 않습니다.

4 글 **1**에는 초등학생의 체력이 갈수록 떨어지는 문제 상황이 나타나 있습니다.

5 ㉠'꾸준히'는 '한결같이 부지런하고 끈기가 있는 태도로.'라는 뜻으로, '끊임없이', '한결같이'와 뜻이 서로 비슷한 낱말입니다. 뜻이 서로 비슷한 낱말은 바꾸어 써도 문장의 뜻이 달라지지 않습니다.

6 빈칸에는 아침 운동 시간을 만드는 것에 반대하는 까닭이 들어가야 합니다. 아침 운동 시간을 만들면 어떤 점이 좋지 않을지 생각해 봅니다.

7 글쓴이는 학교에서 하는 아침 운동이 건강뿐만 아니라 공부에도 도움이 된다고 하였으므로 (3)과 같이 말하는 것이 알맞습니다.

어휘력 강화

1 (3)에서 '분야'는 '여러 갈래로 나누어진 범위나 부분.'이라는 뜻이고, '잡지'는 '같은 이름으로 정해진 때에 펴내는 책.'을 말합니다.

2 ①~⑤ 중에서 운동의 종류에 해당하는 것은 '농구', '배구', '마라톤'입니다. ③은 축구할 때에 신는 신발이고, ⑤는 실내에서 여러 가지 운동 경기를 할 수 있도록 시설을 갖추어 놓은 건물입니다.

3 소화가 잘 되어 밥을 맛있게 먹는다는 내용에 어울리는 속담은 '시장이 반찬'입니다. '시장'은 '배가 고픔.'을 뜻합니다.

1 호준   2 (점점) 나빠지는   3 ③   4 ㉣   5 멈춰
6 ㉢   7 (1) 예 너무 많이 하지 말자. (2) 예 좋지 않은
영향을 주기도 한다.   8 (1) 같아 (2) 달라

1 글 **가**에서 꾸리찌바는 세계에서 손꼽히는 생태 도시라고
소개하였고, 글 **나**에서 생태 도시는 사람과 자연 또는
환경이 조화를 이루는 환경친화적인 도시라고 했습니다.

2 '악화되다'는 '일의 형세가 나쁜 쪽으로 바뀌다.'라는 뜻으
로, '나빠지다'와 뜻이 비슷합니다.

3 꾸리찌바 어린이들은 재활용 쓰레기를 필요한 물건으로
바꾸는 체험을 통해 쓰레기가 소중한 자원이라는 것을
알 수 있을 것입니다.

4 갯벌을 땅으로 만들어 아파트를 짓는 것은 자연환경을
파괴하는 일이므로 꾸리찌바에서 노력해 온 일로 알맞지
않습니다.

   자세하게
'생태 도시'는 많은 나라들이 지구 환경 보전 문제를 해결
하기 위하여 고민하면서 생긴 말로, 사람과 자연이 함께
어우러지는 살아 숨 쉬는 도시를 말합니다.

5 '멈추어'는 '멈춰'와 같이 줄여 쓸 수 있습니다.

6 『 』부분은 엄마께서 과자가 몸에 해롭다는 내용을 말씀
하신 것이므로 밑줄 친 ㉢과 관련이 있습니다.

7 글 **나**는 군것질을 너무 많이 하지 말자는 생각을 전하기
위해 쓴 글로, '첫째'와 '둘째'로 시작하는 부분에 글쓴이
가 그렇게 생각하는 까닭이 나와 있습니다.

8 글 **가**에서 엄마와 훈이가 말한 내용이 글 **나**의 글쓴이의
생각에 찬성하는 내용인지, 또는 반대하는 내용인지 살
펴봅니다.

   자세하게
(1)에서 엄마는 과자에는 몸에 좋지 않은 성분이 들어 있
어서 아이들이 건강하게 크는 데 방해가 된다고 하였으
므로, 군것질을 너무 많이 하지 않아야 한다는 글 **나**의
글쓴이와 생각이 같습니다. (2)에서 훈이는 대부분의 아이
들이 군것질을 해도 밥을 잘 먹고 요즘에는 건강에 좋은
과자도 많다고 하였으므로, 군것질을 너무 많이 하지 않
아야 한다는 글 **나**의 글쓴이와 생각이 다릅니다.

---

1 ③   2 집   3 ⑤   4 (2) ○   5 ③, ⑤   6 (2) ○
7 ㉰

어휘력 강화   1 (1) 서먹서먹 (2) 짝짝이 (3) 남남   2 ⑤
              3 (1) ○

1 양말을 짝짝이로 신은 경험을 쓴 시이므로 제목으로 알
맞은 것은 '짝짝이 양말'입니다.

2 집에 돌아와 양말을 짝짝이로 신은 걸 알았다는 내용이
나오므로 시에 나타난 장소로 알맞은 것은 집입니다.

3 말하는 이는 하루 종일 양말을 짝짝이로 신고 있다가 집
에 돌아와 양말을 벗으려고 할 때 그 사실을 알게 되었습
니다.

4 '뽀득뽀득'은 단단하고 질기거나 매끄러운 물건을 자꾸
야무지게 문지르거나 비빌 때 잇따라 나는 소리나 모양
을 흉내 내는 말이므로, '뽀득뽀득'이 알맞게 쓰인 문장은
(2)입니다. (1)에는 '송골송골'이, (3)에는 '푹'이 쓰여야 어
울립니다.

5 이 시에는 양말을 짝짝이로 신은 줄도 모르고 하루를 지
내서 창피하고, 두 발에게 미안한 마음이 잘 나타나 있습
니다.

6 시의 내용에 가장 어울리는 그림은 짝짝이 양말을 벗고
두 발을 비비고 있는 아이의 모습을 그린 (2)입니다.

7 하루 종일 짝짝이 양말을 신은 일과 관련하여 친구들과
이야기를 나눌 만한 것으로 알맞은 것은 ㉰입니다.

어휘력 강화

1 (1) **서먹서먹하다**: 익숙하거나 친하지 아니하여 자꾸 어
       색하다.
  (2) **짝짝이**: 제짝이 아닌 것끼리 한 벌이 된 것.
  (3) **남남**: 서로 아무런 관계가 없는 남과 남.

2 양말을 셀 때에는 '켤레'를 사용합니다. '살'은 나이를,
  '모'는 두부를, '그루'는 나무를, '송이'는 꽃을 셀 때 붙이
  는 말입니다.

3 양말을 짝짝이로 신은 걸 보고 즐거워했다는 내용이 나
  오므로 '박장대소(拍 손뼉칠 박 掌 손바닥 장 大 큰 대 笑
  웃을 소)'가 어울립니다.

1 ㉮　**2** 일의 순서　**3** 인물, 배경　**4** ③　**5** 편
6 (3) ○　**7** (2) ○

어휘력 강화　**1** (1) 배경　(2) 녹음　(3) 소품　**2** ③
　　　　　　3 (2) ○

1 (3) ○　**2** ④　**3** ②　**4** (1) 간편　(2) 영양분, 파괴
5 ㉯　**6** 규진　**7** (2) ○

어휘력 강화　**1** (1) 신선한　(2) 파괴되었다　(3) 간편해서
　　　　　　2 (1) 길렀다　(2) 계획　**3** ③

1 이 글은 만화 영화를 만드는 방법을 설명하는 글입니다.

2 이 글은 만화 영화 만드는 방법을 순서대로 설명한 글이 므로 일의 순서에 따라 쓴 글입니다.

3 시나리오를 쓴 다음에는 인물의 모습과 배경, 소품 등을 정해서 그린 뒤 스토리보드를 만들어야 합니다.

4 ㉠ 앞부분은 인물이 움직이는 것처럼 만드는 방법을 설 명하고 있으므로 인물이 움직이는 것처럼 보인다는 내용 이 알맞습니다.

5 책이나 영화, 시 따위를 셀 때에는 '편'을 사용합니다.
　• **짝**: 둘이 서로 어울려 한 벌이나 한 쌍을 이루는 것의 각각을 세는 단위. ㉲ 장갑 한 짝, 젓가락 한 짝
　• **톨**: 밤이나 곡식의 낱알을 세는 단위. ㉲ 쌀 한 톨

6 만화 영화를 만들 때 음악은 분위기에 어울리는 것으로 넣어야 하고, 인물이 움직이는 것처럼 만들려면 스토리 보드를 보며 인물의 동작을 한 동작씩 따로따로 그려서 여러 장을 빠르게 넘기면 됩니다.

7 인물이 움직이는 모습과 다음 장면으로 넘어갈 때 걸리 는 시간 등을 적어 놓은 스토리보드는 (2)입니다.

　자세하게
　(1)은 영화를 찍기 위해서 인물의 대사나 행동 등을 써 놓 은 시나리오입니다.
　(3)은 인물이 움직이는 것처럼 만들기 위해 인물의 한 동 작을 따로따로 여러 장 그려 놓은 것입니다.

　어휘력 강화

1 만화 영화와 관련된 낱말의 뜻을 익혀 봅니다.

2 '차례', '계획표', '설계도', '프로그램'으로 써야 합니다.

3 만화 영화를 잘 만들기 위해 모둠이 회의를 했다는 내용 이므로 '머리를 맞대고'가 알맞습니다.

1 첫 번째 문장에 이 기사에서 전하려고 하는 주요 내용이 나와 있습니다.

2 우주 상추는 지구에서 키운 상추와 성분이 비슷했다고 했습니다.

3 '탈'은 몸에 생긴 병을 말하므로 '탈이 나지 않았다'는 병 이 나지 않았다는 뜻입니다.

4 우주 비행사들이 먹는 음식은 간편하게 먹을 수 있는 장 점이 있었지만, 그렇게 만들어지는 과정에서 영양소가 파괴되는 단점이 있었습니다.

5 채소를 키우는 방법을 연구하는 까닭은 우주 비행사들이 신선한 식품을 먹을 수 있도록 하기 위한 것이므로 ㉡에 는 ㉯가 알맞습니다.

6 국제 우주 정거장에서 키운 우주 상추가 안전하게 먹을 수 있는 것으로 확인됐다는 내용을 전하는 기사문이므 로, 우주 비행사가 되는 방법을 알려 주기를 바라는 윤성 이의 말은 알맞지 않습니다.

7 우주 식량과 우주에서 물을 얻는 방법을 연구했다는 내 용이 나와 있으므로 우주 시대를 열기 위해 많은 노력을 하고 있다는 것을 알 수 있습니다.

　어휘력 강화

1 (1) **신중하다**: 매우 조심스럽다.
　(2) **파고들다**: 깊숙이 안으로 들어가다.
　(3) **간편하다**: 간단하고 편리하다.

2 (1) **키우다**: 동식물을 돌보아 기르다.
　(2) **예정**: 앞으로 일어날 일이나 해야 할 일을 미리 정하 거나 생각함.

3 우리나라에서도 암을 치료할 수 있게 되었다는 뜻이 되 어야 하므로 '길이 열렸다'가 알맞습니다.
　① **속을 태우다**: 몹시 걱정이 되어 마음을 졸이다.
　② **손을 놓다**: 하던 일을 그만두거나 잠시 멈추다.
　④ **꼬리를 내리다**: 기가 꺾여 물러서거나 움츠러들다.
　⑤ **말문이 막히다**: 말이 입 밖으로 나오지 않게 되다.

1 돈, 깨끗이   2 윤기   3 사고팔다   4 ⑤   5 2
6 예서   7 (2) ○

어휘력 강화   1 (1) 폐기 (2) 비용 (3) 만족감   2 (2) ○
3 (1) ○

1 돈을 깨끗이 쓰자는 생각을 전하기 위해 쓴 글입니다.

2 찢어지거나 더러워져서 폐기되는 지폐의 양이 어마어마 하다는 것을 알려 주고 있으므로 돈을 함부로 다루는 사람이 많다고 짐작하는 것이 알맞습니다.

3 '사다'와 '팔다'를 합해 '사고팔다'라는 낱말을 만들 수 있습니다.

4 지폐는 지갑에 넣고 다녀야 한다고 했습니다.

5 글 1에는 글쓴이가 글을 쓰게 된 까닭이 되는 문제 상황과 글쓴이의 생각이 나와 있고, 글 2에는 글쓴이의 생각을 뒷받침하는 까닭이 나와 있습니다. 글 3에는 글쓴이의 생각을 실천하는 방법이 나와 있고, 글 4에서는 글쓴이의 생각을 다시 한번 강조했습니다.

6 지형이는 부모님이 고생하시며 돈을 버니까 돈을 깨끗이 쓸 필요가 없다고 말했으므로 생각에 어울리는 까닭을 말하지 못했습니다.

7 한국은행은 찢어지거나 더러워진 지폐, 불에 탄 지폐, 찌그러진 동전은 깨끗한 돈으로 바꾸어 준다고 했으므로 그림 속 친구들도 한국은행에 가서 새 돈으로 바꾸면 됩니다.

어휘력 강화

1 (1) 폐기하다: 못 쓰게 된 것을 버리다.
   (2) 비용: 어떤 일을 하는 데 드는 돈.
   (3) 만족감: 마음에 흡족한 느낌.

2 '비용이 줄다.', '비용을 줄이다.'가 바른 표현입니다.

3 같은 돈이지만 더러운 돈보다는 깨끗한 돈을 달라고 말하고 있으므로 '같은 값이면 다홍치마'라는 속담이 어울립니다.

1 (1) 누가 (2) 왜   2 ①   3 도둑놈의갈고리
4 꽃의 모양이 옛날 사람들이 쓰던 모자 중 하나인 패랭이를 뒤집은 것과 닮아서 패랭이꽃이라 불린다.
5 (1) 나 (2) 가   6 제거   7 유미   8 ③, ⑤

1 글 가에는 누가 달개비꽃과 패랭이꽃의 이름을 붙였는지 궁금하다는 내용이 나와 있고, 글 나에는 식물 이름이 그렇게 붙여진 까닭을 설명하는 내용이 나와 있습니다. 따라서 (1)에는 '누가'가, (2)에는 '왜'가 들어가는 것이 알맞습니다.

2 '길섶으로'는 글 가에서 한 번만 쓰였습니다.

자세하게

'걷다 보면', '피어 있지요', '궁금하지요'는 1연과 3연에, '누구일까'는 2연과 4연에 반복되어 쓰였습니다.

3 도둑놈의갈고리는 열매의 껍질에 있는 가시의 생김새 때문에 붙여진 이름입니다. 꽝꽝나무와 자작나무는 불에 탈 때 나는 소리 때문에 붙여진 이름입니다.

4 글 나는 식물 이름이 붙여진 까닭을 설명하고 있으므로 패랭이꽃 이름이 붙은 까닭을 설명한 문장을 찾아 밑줄을 긋습니다.

5 글 가는 자신의 생각을 까닭을 들어 쓴 글이고, 글 나는 정보를 전달하기 위해 사실을 중심으로 쓴 글입니다.

6 공기 정화 식물을 키우면 집 안의 오염 물질을 제거할 수 있다는 내용이 자연스럽습니다. 또 밀폐된 공간에 식물을 넣어 두었더니 실내 공기 오염 물질들이 많이 제거되었다는 내용이 자연스럽습니다.
   • 첨가: 이미 있는 것에 덧붙이거나 보탬.
   • 합성: 둘 이상의 것을 합쳐서 하나를 이룸.

7 공기 정화 식물을 키우자는 글쓴이의 생각과 같은 생각을 말한 친구는 유미입니다.

8 인도고무나무는 햇빛이 잘 드는 곳에서 아주 잘 자란다고 했고, 잎이 넓어서 공기 정화 능력이 좋다고 했습니다. 미국 항공 우주국이 우주선 안의 공기 정화 방법을 연구한 것으로 보아, ④의 내용은 알맞지 않습니다.

가로 세로 낱말 퀴즈

32쪽

❶제	안				❷벽
비		❸암	각	화	
뽑					
기			❹외	상	
	❺역	❻사	우		
		정	다		

56쪽

	❶울		❸웃	❹어	른
	타			촌	
❷거	리	감			
			❺장	❻화	
❼고	❽약	하	다		단
	속				

80쪽

❶스	❷포	츠		❸공	중
	장			원	
	재				
			❹수	❺거	함
❻비				미	
❼밀	폐			줄	

104쪽

❶구	조	대	원		❷불
토			❸무	리	
				하	
❹포	❺기		❻부	다	
	회		작		
		❼식	용	버	섯

128쪽

❶보				❸수	
❷전	문	지		❹성	분
		❺체			
❻집	중	력		❼소	
			❽조	화	

152쪽

❶지	❷폐			❸책	
	기			임	
	‥		❹만	족	감
❺유	독				
해		❻시	나	리	❼오
					염

쉬어가기

33쪽	2	57쪽	5
81쪽	3	105쪽	2
129쪽	1		

기적의 학습서
오늘도 한 뼘 자랐습니다.

기적의 공부방에서 함께 공부해요!

길벗스쿨 공식 카페 〈기적의 공부방〉
http://cafe.naver.com/gilbutschool

★지금 가입하면 누릴 수 있는 3가지!

1 꾸준한 학습이
가능해요!

- 스케줄 관리를 통해 책 한 권을 끝낼 수 있는 **학습단**에 참여해 보세요!
- 도서 관련 **학습 자료**와 **선배 엄마들의 노하우**를 확인할 수 있어요!
- 궁금한 것이 있다면 **Q&A 서비스**를 통해 카페지기와 선배 엄마들의 답변을 들을 수 있어요!

2 책 기획 과정에
참여해요!

- **독자기획단**을 통해 전문 편집자와 함께 아이템 선정부터 책의 목차, 책의 구성 등을 함께 만들어가요!
- 출간 전 도서를 체험해 보는 **베타테스트**를 통해 도서의 장/단점을 파악하여 더 나은 도서를 만드는 데 기여해요!

3 재미와 선물이
팡팡 터져요!

- 매일 새로운 주제로 엄마들과 **댓글 이야기**를 나누고 간식도 받아요!
- 매주 카페 **활동왕**을 선정하여 푸짐한 상품을 드려요!
- 사진 콘테스트 등 매번 색다른 **친목 이벤트**로 재미와 선물을 동시에 잡아요!

기적의 공부방은 엄마표 학습을 응원합니다!